Jean Anouilh

La répétition

ou l'amour puni

Gallimard

PREMIER ACTE

Un salon. Entrent la comtesse et M. Damiens. Costumes Louis XV.

LA COMTESSE

Monsieur Damiens, je veux vous remercier de nous avoir prêté votre filleule.

MONSIEUR DAMIENS

Vous obliger, madame, est le premier et le plus agréable de mes devoirs. Vous aviez besoin d'elle : il était tout naturel qu'elle vînt à Ferbroques.

LA COMTESSE

Sans elle, que serions-nous devenus? Ma pauvre tante, la marquise, était l'esprit le plus chimérique qui fût. Cette idée de nous léguer Ferbroques à condition que nous y passions un mois chaque printemps c'était en somme assez touchant. Ferbroques est un désert où elle-même n'a jamais eu le courage de vivre plus de huit jours. Elle passait tout l'hiver à Paris à soupirer après Ferbroques et, l'été venu, elle courait autre part. Il faut dire que la pauvre femme était la proie de plusieurs grands médecins. Quoiqu'elle eût une excellente santé, la belle saison lui suffisait à peine pour faire ses cures. Quand elle avait bu toutes ses eaux, quand elle s'était trempée dans toutes ses

boues aux quatre coins de l'Europe, elle n'avait plus
que le temps matériel de regagner Paris pour comman-
der ses robes, jurant sur tout ce qu'elle avait de plus
cher, c'est-à-dire nous, sans doute, qu'au printemps
prochain elle viendrait habiter son château... Mais le
printemps revenu, ses médecins l'envoyaient s'abreuver à de nouvelles sources... La mort la délivrant des
cures miraculeuses, elle a voulu que nous tenions ses
serments.

MONSIEUR DAMIENS

Délicate pensée...

LA COMTESSE

Oui. Un mois à la campagne, pour peu qu'on y
donne un bal ou deux, c'est vite passé. Le moyen
d'ailleurs de refuser Ferbroques? C'est un bijou. Mais
la clause du testament qui nous obligeait à élever
douze petits orphelins dans l'aile gauche, elle a dû
bien rire en l'écrivant.

MONSIEUR DAMIENS

Peut-être qu'un souci de charité chrétienne...

LA COMTESSE

Ma tante était nourrie de philosophes, ce ne peut
être que par politesse qu'elle a voulu faire, en mou-
rant, un petit geste pour le ciel. Et elle haïssait les
enfants. Elle avait un valet de pied souffre-douleur,
le pauvre Jules – qui est mort deux mois après elle,
rongé par la tranquillité – spécialement chargé de la
précéder dans les lieux publics pour les écarter de son
chemin. C'est une phobie qu'elle avait prise depuis
qu'elle avait reçu un diabolo sur la tête dans un jardin.

MONSIEUR DAMIENS

Peut-être qu'une sorte de remords...

LA COMTESSE

Monsieur Damiens, vous ne connaissiez pas ma tante. C'était une femme étonnante, incapable d'aucune sorte de remords... Non, je ne vois pour ma part, qu'une seule explication à la création de cet orphelinat : le désir de nous jouer un bon tour posthume au comte et à moi. Remarquez que Tigre a très bien pris la chose. Il adorait se disputer avec sa tante. « C'est bien! » s'est-il écrié quand le notaire eut achevé la lecture. « Elle veut que ces douze marmots nous cassent, un mois par an, les oreilles? Nous parerons la botte, ma chère; nous prendrons douze petits sourds-muets. » Je suis sûre qu'entendant la riposte, ma tante a dû faire un tour sur elle-même dans le mausolée de la famille à Passy. D'autant plus que dans sa longue lutte avec Tigre c'était le dernier point marqué, pour lui. A moins de recourir aux apparitions en suaire — et la pauvre chère avait trop bon goût pour se décider jamais à en arriver là — elle ne pouvait plus rien contre lui désormais.

MONSIEUR DAMIENS

Et vous avez cependant renoncé au projet? J'ai cru entendre ces gamins en passant dans le parc tout à l'heure...

LA COMTESSE

Oui. Le testament spécifiait malheureusement « orphelins », et le monde a beau déborder de misère, quand il s'agit de mettre la main sur douze orphelins sourds-muets on s'aperçoit que c'est extrêmement difficile. On nous proposait des boiteux, des aveugles, des sourds-muets qui avaient toute leur famille ou des orphelins parlant comme vous et moi. Peut-être aurions-nous réussi un assortiment tout de même avec le temps. Mais Tigre, qui n'a jamais le courage de pousser bien loin ses vengeances, a décidé, toute

réflexion faite, que cela serait, par ailleurs, assez
triste. Nous avons donc réuni douze orphelins pour
vus de solides cordes vocales et nous nous sommes
réfugiés dans l'aile droite. Ferbroques est vaste, Dieu
merci! Le problème n'était plus que d'organiser la
grande fête de charité que nous avions décidé de
donner, Tigre et moi, pour l'inauguration de l'orphelinat. Tigre est un homme merveilleux pour cela. Un
des derniers hommes de notre temps qui ait compris
qu'il fallait prendre la futilité au sérieux. En une nuit
il avait trouvé le thème du Bal et celui de la Fête (je
ne vous dis rien, c'est encore un secret). Le lendemain, les tapissiers arrivaient de Paris... Nous avons
passé huit jours merveilleux dans la fièvre et les coups
de marteau; dévorant nous-mêmes les pointes, assor-
tissant des échantillons en pleine nuit, nous susten-
tant d'un morceau de pain qu'on nous tendait, sur
nos échelles, comme à des cacatoès. Tigre était extraordinaire. Il avait une idée par minute. Il a tué deux
tapissiers sous lui, qu'on a dû aliter d'épuisement
chez le concierge. Bref tout allait bien; le grand jour
approchait, lorsque, l'autre matin, coup de théâtre!
les orphelins nous tombent dessus. Nous les avions
complètement oubliés. C'est alors que je vous ai envoyé
ma dépêche et que vous avez eu la gentillesse de nous
prêter votre filleule pour nous tirer de ce pas. Elle se
plaît ici?

MONSIEUR DAMIENS

Elle adore les enfants.

LA COMTESSE

C'est son métier je crois?

MONSIEUR DAMIENS

Oui. A la mort de sa mère elle a dû prendre un état.
Elle s'est orientée vers la puériculture.

LA COMTESSE

C'est une culture comme une autre. J'aime mieux mes rosiers. Ils ne piaillent pas. Avez-vous visité les serres de Ferbroques? Je n'ai jamais vu autant de merveilles réunies.

MONSIEUR DAMIENS

Je n'ai rien vu. Depuis hier soir que je suis là, je n'ai eu que le temps de me costumer et d'essayer de retenir mon rôle.

LA COMTESSE

Vous avez été si gentil d'accepter d'être de la pièce au pied levé. La défection inattendue de Gontaut-Biron qui devait jouer Trivelin avait plongé Tigre dans le désespoir. Je craignais le pire.

MONSIEUR DAMIENS

Vraiment?

LA COMTESSE

Vraiment. Tigre a la façon la plus inattendue d'attacher de l'importance aux choses. Il s'est, paraît-il, merveilleusement conduit en 40, résistant seul sur la Loire, alors que tout le monde était déjà à Toulouse, avec un petit canon tant bien que mal rafistolé et qui ne voulait plus se détraquer, contre une nuée de grenadiers poméraniens. Cinq heures après l'armistice, il tirait encore. Les autres avaient beau lui crier qu'il était ridicule avec leurs porte-voix et leurs drapeaux blancs, la reddition de la France était un fait qui ne le concernait en rien. Mais son dernier obus tiré, il a demandé un bain aux Allemands, il s'est rasé, s'est fait faire les mains, — son ordonnance, le seul survivant avec lui, était manucure, — et il n'a jamais plus reparlé de la défaite... Mais un bal compromis c'est autre chose! Il serait capable de se tuer, comme Vatel.

MONSIEUR DAMIENS

Je suis heureux de lui épargner cette pénible obligation en assumant ce petit rôle. J'avais un joli talent d'amateur à vingt ans.

LA COMTESSE

Vous l'avez certainement gardé. Un homme de loi ne cesse jamais de jouer la comédie, — ou le drame, hélas! quelquefois. Il fallait aller au défunt Odéon pour trouver plus cabot qu'un procureur de la Haute Cour réclamant la mort de quelqu'un.

LE COMTE *entre, costumé aussi.*

Eh bien, répétons-nous? La pièce est de Marivaux. Il ne peut pas être question de faire du texte. Où est votre filleule, monsieur Damiens? Il est tout de même abusif que ces douze orphelins l'accaparent. Nous avons besoin d'elle, nous aussi.

MONSIEUR DAMIENS

Elle surveillait leur coucher et elle devait nous rejoindre.

LE COMTE

Soyez bon. Allez l'arracher aux griffes de ces douze petits intrigants. Nous l'attendons pour commencer.

> *M. Damiens sorti, le comte vient s'asseoir près de la comtesse.*

Ma chère, tout s'annonce bien. La pièce pendant le dîner est une idée ravissante. Un personnage se lève de la table et il en interpelle un autre, ils commencent à parler, on les écoute, on croit qu'ils ont effectivement quelque chose à se dire : leur ton surprend un peu au début, — mais j'aurai eu soin et vous aussi à l'autre bout de la table, de donner à la conversation dès le début du repas un petit tour

dix-huitième pour rendre le passage insensible. —
Quand on commence à penser qu'ils parlent peut-
être un peu trop, un autre personnage entre, un valet
qui les prend à partie — stupeur d'abord, on trouve
nos domestiques bien mal stylés et puis on reconnaît
la pièce. C'est trop tard, elle est commencée. Il n'y
a pas ce moment d'effroi qui saisit toujours les gens
du monde quand on les assoit sur des chaises en face
d'une scène d'amateurs.

LA COMTESSE

Un seul point noir. Ils parlent tous de Marivaux.
La plupart ne l'ont jamais lu.

LE COMTE

Tant mieux. Ils croiront que c'est de moi. D'ailleurs il ne faut pas dire trop de mal de ces gens-là.
Ils sont ineptes, c'est entendu; mais on ne demande
pas à notre classe de produire des génies. Nous ne
sommes pas assez nombreux pour nous offrir cela;
nous laissons cette prime au peuple qui a les moyens
de décanter un million de culs-terreux sur trois ou
quatre générations pour sortir triomphalement un
lauréat au concours général ou un président de la
République. Ce qu'on demande à notre classe, c'est
d'être cohérente et de durer. Nous avons du talent
à nous tous, et sur plusieurs siècles. On fait ce qu'on
peut.

LA COMTESSE

Un autre point noir. S'ils écoutent la pièce, tout
sera froid.

LE COMTE

Tant pis. On les fait toujours trop bien manger, cela
les changera. Vous avez l'esprit chagrin ce soir, ma
chère... D'ailleurs le menu du souper sera combiné

suivant les nécessités dramatiques. Je ferai apporter la langouste et le champagne au moment où l'intérêt faiblira — de simples cure-dents aux moments poétiques, pour leur donner les gestes de la méditation. Il faut les aider ces gens-là! Ils sont légers, mais non dépourvus de talent. Rien ne rend plus rêveur qu'un petit morceau de viande qu'on essaie de dénicher entre deux molaires. S'ils font le geste, nous avons une chance pour qu'ils pensent — par éclairs. Enfin, ils n'étaient pas moins bêtes au Grand Siècle et c'est tout de même eux qui ont fait le succès de bons auteurs... Je crois que cette petite fille sera charmante dans Sylvia.

LA COMTESSE

Je trouve qu'elle manque d'éclat. Je me demande pourquoi vous avez tout bouleversé pour lui donner le rôle.

LE COMTE

Précisément. Elle tranchera sur vos éclatantes amies. Elle brûle d'un feu intérieur qu'elle noie sous sa réserve. Cela nous changera de toutes ces belles personnes qui font feu de tout bois pour briller. Cela donne des flammes ravissantes tout un soir et quand on est seul avec elles, en rentrant, le feu est éteint. Et puis ils ne la connaissent pas. Et pour ces gens qui s'appellent tous par le diminutif de leur prénom, ce sera un détail des plus piquants de ne pouvoir dire qui elle est.

LA COMTESSE

Seriez-vous amoureux d'elle?

LE COMTE

Moi? Pas du tout.

LA COMTESSE

Tant mieux. Ce n'est pas une fille pour vous.

LE COMTE

L'ennui c'est le costume Louis XV et la perruque.
Cela fait dragée. Mais — cela doit faire partie du sys-
tème de vengeance de ma tante — Ferbroques est un
château du dix-huitième et nous ne pouvions pas y
couper. Dans un manoir Renaissance, comme votre
Grandlieu, nous aurions réussi quelque chose d'éton-
nant. Je leur aurais fait écouter une petite pièce de
Marguerite de Navarre qui est adorable et que personne ne connaît.

LA COMTESSE

De toute façon, il est trop tard maintenant.

LE COMTE

Il est trop tard. Mais je ne dormirai pas tant que
je n'aurai pas trouvé quelque chose pour rendre le
Louis XV drôle. J'avais pensé à imposer la barbe aux
hommes, mais c'était être original à bon marché. Ou
faire un Louis XV 1900, Mme Bartet dans « Adrienne
Lecouvreur ». Mais ils n'auraient jamais su, il ne faut
pas leur en demander trop...

LA COMTESSE

Quel âge a-t-elle?

LE COMTE

Vingt ans tout juste. Il faudrait que vous y pensiez
avec moi.

LA COMTESSE

A quoi?

LE COMTE

Aux costumes Louis XV. Nous pouvons tout aussi
bien sombrer dans le banal à cause de cela... J'en
meurs d'angoisse.

Il a ôté sa perruque et s'évente.

LA COMTESSE

Et si nous demandions à nos amis de venir tous sans perruque?

LE COMTE, *qui se regarde dans une glace.*

Ce serait déjà mieux. D'autant plus que cette petite a une couleur de cheveux exceptionnelle, ce serait un crime de la poudrer.

LA COMTESSE

~~Moi, je la trouve laide.~~

LE COMTE *Tigre*

Moi aussi. Je parlais de la couleur de ses cheveux.

LA COMTESSE

Vous savez que vous êtes libre, Tigre. Rendez-moi cette justice que je ne me suis jamais mêlée de vos affaires de cœur. Ne papillonnez pas trop autour d'elle, tout de même. Damiens est l'homme d'affaires de ma famille depuis plus de trente ans et je serais désolée qu'il eût à se plaindre de nous.

LE COMTE

Pour qui me prenez-vous, ma chère? J'ai des défauts considérables, mais personne n'a encore mis en doute le fait que je sois un homme bien élevé. Avec ma chevalière et mon nom, c'est d'ailleurs à peu près tout ce qui me reste en propre, si j'excepte Ferbroques et les douze orphelins.

LA COMTESSE

Cela n'empêche rien.

LE COMTE

Je vous demande pardon : cela empêche beaucoup de choses. Mon père qui était un homme parfait a pris la peine de me mettre en garde sur ce point-là, avant de mourir. J'étais bien jeune, mais je n'ai jamais oublié son conseil, le seul d'ailleurs qu'il ait trouvé à propos de me donner. C'était quelques heures avant sa mort. L'évêque attendait dans l'antichambre avec tout son clergé pour l'extrême-onction; il a demandé qu'on me fasse entrer d'abord. « Mon garçon, m'a-t-il dit, je m'aperçois un peu tard que je ne me suis jamais occupé de vous. J'ai très peu de temps, je plie bagage. Monseigneur m'attend à côté pour m'estampiller. Sur l'honneur, je vous fais confiance. Pour le reste, vous improviserez et cela n'a pas grande importance au fond. Un point, cependant. Vous êtes jeune, vous allez avoir envie de vous distraire. Faites toujours ce qui vous fera plaisir, mais seulement avec des femmes de votre monde. Avec les autres cela tourne toujours mal. On finit par épouser sa bonne ou une chanteuse — et c'est le bagne — ou bien on fait des bâtards à une couturière et en grandissant ils s'aigrissent et fomentent des révolutions... Des turpitudes, mon petit, soit, nous ne sommes pas des anges — mais entre soi. Maintenant, faites entrer l'évêque, je vais lui vider mon sac, afin qu'il puisse m'expédier. Il est temps. »

Un petit silence. Il dit soudain.

Mon père était un homme admirable, je ne le voyais jamais mais je me suis aperçu que je l'aimais de tout mon cœur.

LA COMTESSE, *après un silence aussi.*

J'ai l'impression, Tigre — ce n'est pas un reproche — que vous lui avez en effet donné votre cœur; et que vous n'en avez jamais plus disposé d'une parcelle depuis.

LE COMTE *se secoue.*

Comme votre conversation est sombre aujourd'hui, ma chère! Nous n'allons pas nous donner le ridicule de dramatiser tous les deux. D'ailleurs, vous savez que je vous aime beaucoup. Je n'ai jamais eu un sentiment de cœur pour personne, que pour vous. Ne le répétez pas à Hortensia, cela me ferait toute une histoire.

LA COMTESSE

Vous leur dites que vous les aimez d'amour, à vos maîtresses?

LE COMTE

Il faut bien. Les femmes sont tellement formalistes. Je crois bien que vous êtes la seule femme à qui je ne l'ai jamais dit.

LA COMTESSE

Parce que cela n'était pas. Quel grand cadeau! Attendez-vous que je vous remercie?

LE COMTE

Parce qu'il y avait entre nous autre chose de délicat et de ravissant, qui me dispensait de vous mentir. Secouons-nous, je vous prie, Éliane, nous allons bêtifier dans un instant. L'amour est le pain des pauvres; ne nous mettons pas, sur le tard, à pleurnicher l'un et l'autre au milieu de nos aubussons parce que nous ne l'avons pas connu. Il y a des choses mille fois plus importantes au monde que ce désordre inattendu. C'est comme une bouteille qu'on vide un soir, pour faire le fanfaron : on paie deux heures d'exaltation d'une longue nuit de migraine et de vomissements. C'est trop cher. Je n'ai d'autre ambition que de faire de ma vie une fête réussie. Et c'est autrement difficile, permettez-moi de vous le dire, que d'ennuyer tout le monde en se tapant sur la poitrine et de souffrir. D'ailleurs, je ne veux pas être indiscret, mais ma chère, vous avez Villebosse si vous voulez jouer à ce petit jeu, Villebosse ou un autre, que sais-je? Le monde est plein d'hommes rugissants.

LA COMTESSE

Villebosse m'ennuie.

LE COMTE

Moi, je le trouve charmant. Il est jeune, il est beau. Il est toujours prêt à plonger de trois mètres ou à traverser un cercle de feu, à la demande. Enfin vous n'allez pas me forcer à faire le panégyrique de cet individu tout de même?

LA COMTESSE

Soyez courtois. Cet individu est mon amant, mon cher Tigre.

LE COMTE, *un peu sec soudain.*

Brisons là, Éliane. Nous sommes au bord de l'odieux. Il y a des conversations que je n'aime pas avoir. J'ai les idées larges, mais j'ai les mots étroits. Vous êtes libre, je suis libre, nous nous aimons beaucoup et nous avons à donner à nos amis une fête qui est une véritable gageure, dans ce désert, vous le savez. Il y a des choses infiniment plus graves, je vous prie de le croire, que nos petits débordements privés. Les gens ne se sont jamais ennuyés chez nous. Nous pouvons avec cette folie couler en un soir une réputation de quinze ans.

Il se regarde dans la glace.

Vous pensez vraiment que c'est mieux sans perruque? Il n'y a pas de doute, vous avez raison. Il y a quelque chose d'inachevé, qui rend le Louis XV bon enfant. Je vais télégraphier le contre-ordre à tout le monde.

Il lui baise la main.

Vous avez toujours raison. Je vous aime beaucoup, Éliane.

Il sort. Entre Hortensia par une autre porte, elle est costumée elle aussi.

HORTENSIA

Pardon! on m'avait dit que Tigre était avec vous.

LA COMTESSE

Il vient de sortir.

HORTENSIA

Il ne pense qu'à cette fête. On ne le voit plus.

LA COMTESSE

Ma chère Hortensia, j'ai passé le temps que j'aimais Tigre à être jalouse de ses bals.

HORTENSIA

Oh! je ne souffre pas outre mesure! Va-t-on répéter? Je ne me sens pas très sûre de moi.

LA COMTESSE

C'est bien la première fois que je vous l'entends dire.

HORTENSIA

Jouer la comédie ce n'est pas mon métier.

LA COMTESSE

C'est peut-être parce que le texte n'est pas de vous — pour une fois. Nous attendons cette petite qui joue Sylvia.

HORTENSIA

Pourquoi Tigre a-t-il tenu absolument à lui donner le rôle?

LA COMTESSE

Elle est charmante.

HORTENSIA

Je trouve qu'elle manque d'éclat.

LA COMTESSE

Détrompez-vous. Elle brûle d'un feu intérieur qu'elle noie sous sa réserve. Elle n'est pas comme ces éclatantes jeunes femmes qui font feu de tout bois pour briller. Cela donne des flammes ravissantes tout un soir et puis quand on est seul avec elles, – paraît-il – le feu est éteint.

HORTENSIA

Quel nouveau caprice de Tigre de décider qu'elle jouerait avec nous? Il est vrai qu'il a aussi donné un rôle à son valet de chambre. J'espère que la comédie jouée, il la renverra à l'office avec lui.

LA COMTESSE

Détrompez-vous encore. Tel que je connais Tigre, pour peu qu'elle ait eu du succès dans la pièce, il la fera danser toute la nuit.

HORTENSIA

Ce serait extrêmement déplaisant. Enfin jusqu'ici, chez vous, c'était une des rares maisons où on avait la certitude d'être entre soi.

LA COMTESSE

Ma chère, Tigre s'est donné la peine, en quinze ans de vigilance attentive et d'efforts, de devenir l'arbitre incontesté de ce qui est de bon ton à Paris. S'il avait dépensé la moitié de cette énergie dans le commerce, il serait fabuleusement riche. Il peut se permettre de faire ce qu'il veut maintenant. Lui qui ne reçoit pas son agent de change, s'il décide que la filleule de M. Damiens est une fille fréquentable, elle le sera.

HORTENSIA

C'est grotesque! Enfin c'est une sorte de bonne d'enfants ici?

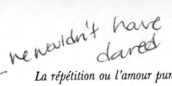

LA COMTESSE

Si ces enfants étaient les nôtres, Tigre n'aurait probablement pas osé. Elle est ici pour diriger les petits orphelins de ma tante. Et ils sont douze. Tigre a du génie pour exploiter les nuances. Et puis j'aime mieux ne pas vous le cacher, je crois qu'il en mourait d'envie.

HORTENSIA

Il y a quelque aigreur dans vos propos, Éliane.

LA COMTESSE

Loin de moi toute trace d'aigreur, ma chère — ou de dépit. Votre liaison avec Tigre m'est tout à fait sympathique. Puisque aussi bien nous sommes libres l'un et l'autre, je me plais à reconnaître que vous êtes tout à fait la fille qui lui convenait. Il est très amoureux de vous, vous savez.

HORTENSIA

C'est vrai?

LA COMTESSE

Il le dit. Reste à savoir si tout ce que dit Tigre est vrai. Voilà longtemps que j'ai renoncé à le vérifier.

HORTENSIA

De toute façon je vous jure bien qu'il ne dansera pas toute la nuit avec elle.

LA COMTESSE

Pas de scènes. Ce serait le meilleur moyen de l'y décider.

HORTENSIA

Merci de vos bons conseils, Éliane, mais je le connais assez bien, moi aussi.

LA COMTESSE

Votre robe est absolument ravissante!

HORTENSIA

La vôtre vous va merveilleusement bien!

LA COMTESSE

Vous ne savez pas à quel point je vous suis reconnaissante d'être belle! J'eusse été affreusement mortifiée que Tigre s'affichât avec n'importe qui. Tournez. Dieu, que l'interprétation des paniers est cocasse! Jacquot a du génie! On pourra s'enticher une saison d'un autre, on reviendra toujours à lui.

HORTENSIA

C'est toujours Léonor qui vous habille? C'est bouleversant d'avoir réussi à faire du vrai Louis XV avec le petit drapé qu'on a justement lancé cette saison. Elle sera là?

LA COMTESSE

Qui?

HORTENSIA, *un peu dépitée.*

Léonor. Elle sera là, bien sûr. C'est une femme qui est reçue partout, même chez Tigre!

LA COMTESSE

Surtout chez Tigre!

HORTENSIA

Pourquoi « surtout » chez Tigre? Il est convenu depuis longtemps que Léonor – qui a été arpète – a une grosse situation mondaine. Il ne fait que suivre le mouvement.

LA COMTESSE

Tigre ne suit jamais un courant qu'il n'a pas créé lui-même. Il faut lui rendre cette justice. Je suis sûre que s'il ne s'y mêlait pas un sentiment personnel, il se serait tout d'un coup montré très pointilleux sur le cas de Léonor. C'est l'homme le plus libre du monde mais il prétend que lorsqu'on veut jouer un jeu, on doit le jouer bien. Il boit des verres sur le zinc avec des chauffeurs de taxi, mais il ne reçoit chez lui que des gens de son monde.

HORTENSIA

Et qu'est-ce qui a bien pu procurer à cette femme cet extraordinaire passe-droit? Le fait qu'elle ait du génie?

LA COMTESSE

Tigre ne croit pas au génie en tant que valeur mondaine. Ma bonne, c'est le fait du prince, tout simplement. Tigre se sent assez sûr de lui pour ennoblir. Je la reçois parce qu'il a eu envie d'elle et qu'elle lui dit non, il y a de cela quatre ans.

HORTENSIA

Comme c'est gracieux à vous de m'avertir!

LA COMTESSE

Je vous le dis parce que c'est de l'histoire ancienne. Mais avoir résisté à Tigre, il faut croire que c'est un titre assez rare, ma chère, pour vous permettre d'être reçue partout.

HORTENSIA

Éliane, vous perdez vos flèches. Tigre ou un autre, je suis décidée à ne jamais souffrir.

LA COMTESSE

C'est bien pour cela que je crois qu'il vous est très attaché. Et moi aussi.

Elle l'embrasse.

Chère petite Hortensia! Au fond, on a si peu d'amies.

Entre Héro, sa perruque à la main.

LA COMTESSE

Ah! voici Héro! Héro, je vous aime beaucoup.

HÉRO

J'allais vous le dire, Éliane. Répète-t-on? Tigre est un tyran de nous faire costumer trois jours d'avance. Je ne sais pas comment me tenir là-dedans.

LA COMTESSE

C'est bien pourquoi il veut que nous nous habituions. Il prétend que ce qui fait le froid des premières heures dans la plupart des bals costumés, c'est que tout le monde se demande si sa culotte tient bien.

HÉRO

Ma culotte tient bien, c'est mon gilet qui est trop étroit. Il m'a tout de même dit que nous serions dispensés de la perruque.

LA COMTESSE

Oui. C'est le dernier caprice du tyran.

HÉRO

C'est dommage. C'est ce que j'aimais le mieux. Je commence à perdre mes cheveux.

LA COMTESSE

Vous avez trente-sept ans, Héro.

HÉRO

A quarante, je serai chauve. Mon médecin m'a dit que je fais trop l'amour. Je me suis brouillé avec lui.

HORTENSIA

Parce qu'il a osé vous dire cela?

HÉRO

Non. Tout le monde sait à Paris que je suis la bête de somme de ces dames. C'est lui qui s'est brouillé avec moi. Il est barbu comme un prophète et chevelu comme Absalon. Quand il m'a dit que l'amour rendait chauve, je n'ai pas pu m'empêcher de lui éclater de rire au nez et de lui dire : « Docteur, j'ai l'impression que vous, vous ne devez pas vous amuser tous les jours. » Il a pris cela très mal. Il m'a dit qu'il était marié, père de famille, qu'il avait autre chose à faire de plus intéressant dans la vie et qu'il me prédisait je ne sais combien de prostatites et d'accidents véné-riens. Et que si j'échappais de ce côté-là, de toute façon ce serait la cirrhose du foie. J'avais l'impression qu'il se vengeait sur moi de sa femme et de ses verres d'eau de Vittel. Le tout m'a coûté deux mille francs. On ne peut plus s'amuser tranquille. Il faut payer ces gens-là pour apprendre qu'on va en mourir.

LA COMTESSE

Il faut vous marier, Héro.

HÉRO

Si vous ne me trouvez pas une femme qui me fasse oublier toutes les autres, cela ne me fera jamais qu'une femme de plus à contenter. Mes forces n'y suffiront pas. Et quand bien même vous me rendriez amoureux, connaissez-vous une race de femme qui calme la soif?

LA COMTESSE

Héro, vous faites le cynique et vous êtes l'homme le plus tendre du monde. Il n'y a qu'à vous regarder.

HÉRO

Votre goût du paradoxe vous égare, Éliane. Ce beau regard profond, ce sont des yeux d'ivrogne. Et je suis tendre c'est vrai, mais j'aime faire mal.

LA COMTESSE

Je n'ai jamais entendu quelqu'un de vraiment méchant le dire.

HÉRO

Je ne suis pas méchant. J'aime casser. C'est un goût que les petits garçons perdent en grandissant. Je l'ai gardé.

HORTENSIA

Quand me ferez-vous souffrir Héro? Je commence à m'impatienter.

HÉRO

Quand vous voudrez, ma chère. Mais cela ne nous amusera ni l'un ni l'autre. Nous nous ressemblons trop.

Entre Villebosse

VILLEBOSSE

Vous savez la nouvelle?

HÉRO

Sûrement. Nous savons toujours tout avant vous.

VILLEBOSSE

Il paraît qu'on joue sans perruques! Nous allons tous être ridicules!

HÉRO

Je ne crois pas que la perruque aurait réussi à vous sauver, Villebosse.

Il va à la cave à liqueurs.

Je peux me servir, Éliane?

LA COMTESSE

Héro! Nous allons répéter.

HÉRO

Mon talent est au fond d'un verre, Éliane, vous le savez bien. Je ne sais plus lequel, malheureusement. C'est ce qui m'oblige à en vider tant.

VILLEBOSSE, *à la comtesse.*

Ma chère, cet homme m'exaspère. Je ne souffrirai pas qu'il tourne autour de vous.

LA COMTESSE

Vous êtes ennuyeux, Villebosse. Je n'ai pas pris un amant pour me faire faire des reproches que mon mari ne me fait pas.

VILLEBOSSE

Tigre est un cynique et il ne vous aime pas. Moi je vous aime. Je ne veux pas déclencher un esclandre sous votre toit, mais si ce triste petit fêtard se permet un geste : je le gifle, sous n'importe quel prétexte.

LA COMTESSE

Héro est capable de vous rendre votre gifle et de refuser de se battre.

VILLEBOSSE

Je le ferai carencer! Il mourra de honte! Il n'osera plus se montrer nulle part.

LA COMTESSE

Je n'ai pas l'impression que c'est de honte que Héro mourra. Il y a longtemps qu'elle est bue — avec le reste.

VILLEBOSSE

Vous le méprisez, au moins?

LA COMTESSE

Je ne sais pas.

VILLEBOSSE

Mille diables, Éliane! J'ai besoin de savoir à l'instant même que vous le méprisez. Sinon je fais ma valise et je ne parais pas dans la pièce.

LA COMTESSE

Si vous jouez ce mauvais tour à Tigre, je ne vous reverrai pas de ma vie.

VILLEBOSSE

Les futilités de Tigre sont le dernier de mes soucis! Il me remplacera comme il pourra. Je vous aime Éliane, et je suis votre amant. Enfin cela compte tout de même!

LA COMTESSE

Je commence à trouver que cela compte terriblement. Mon cher Villebosse, vous avez réussi cette chose extraordinaire de rendre le péché plus ennuyeux que la vertu.

VILLEBOSSE

C'est bien. Je ferai semblant de ne pas savoir mon texte. Je lui compromettrai sa représentation! J'en ai assez d'être le seul ici à souffrir.

HÉRO, *qui revient avec son verre.*

Que dit Villebosse?

LA COMTESSE

Il dit qu'il souffre.

HÉRO

Comme c'est intéressant! Hortensia, mon petit cœur de roc, venez voir ce gracieux phénomène naturel : un homme qui souffre d'amour. Il ne faut pas perdre une occasion de s'instruire.

VILLEBOSSE *lui tourne le dos.*

Monsieur, je ne vous parle pas.

> *Entre Tigre, tenant Lucile par la main, suivis de M. Damiens et du valet de chambre costumé lui aussi.*

LE COMTE

J'ai valeureusement arraché Sylvia aux douze monstres.

> *Il se suce le doigt.*

Je saigne. Il y en a un qui a tenté de me griffer... Nous allons pouvoir commencer, mes enfants, nous sommes au complet. *La Double Inconstance* est une pièce terrible. Je vous supplie de ne pas l'oublier. Sylvia et Arlequin s'aiment sincèrement. Le prince désire Sylvia, peut-être l'aime-t-il aussi? Pourquoi toujours refuser aux princes le droit d'aimer aussi fort, aussi simplement qu'Arlequin? Tous les personnages de sa cour vont se conjurer pour détruire l'amour d'Arlequin et de Sylvia. Enlever Sylvia à Arlequin par la force, pour le compte du prince, ne serait rien; ils vont faire en sorte que Sylvia aimera le prince et qu'Arlequin aimera Flaminia et qu'ils oublieront leur amour. C'est proprement l'histoire élégante et gracieuse d'un crime. Villebosse : Arlequin est tendre et bon, mais facile et gourmand et naïf. Flaminia et sa sœur sont si belles, elles sentent si bon! N'oubliez jamais que même lorsqu'il les repousse et pense tendrement à Sylvia, il les renifle. La bonne odeur de la soie sur la peau parfumée, quel piège pour ce petit pauvre! Flaminia et Lisette sa sœur sont dures, coquettes, joueuses, amusées : le petit rustre doit sentir bon aussi pour ces deux belles dames blasées. Elles jouent, tirent une griffe, la rentrent — vient le désir comme une curiosité — et en plus c'est le service du prince, la grande loi de tout ce petit monde. Alors pourquoi se refuser un plaisir d'un jour qui n'engage à rien? Elles sont d'ailleurs d'une autre race, elles le savent, et Arlequin est comme un petit chien gentil qui s'ébroue drôlement et qui lèche. On se laisse lécher par le petit chien, par-dessus ses perles... C'est un jeu nouveau et cela n'empêche rien. Je les soupçonne d'avoir gardé leurs vrais amants – en attente. Éliane et Hortensia, j'ai l'impression que je serais un petit garçon de vous indiquer quelque chose. Vous allez nous faire cela très bien. Trivelin est lourd, empressé, servile, et ravi comme un chien de meute de participer à la curée pour le compte du maître. Il a la livrée et c'est bon de s'amuser à berner ce petit paysan, ce petit paysan qu'il n'est plus – enfin! depuis qu'il a pris du service. N'alourdissons pas, mais il y a comme une joie secrète et basse, la vengeance du pauvre sur le pauvre là-dessous. Il en a vu d'autres, et de plus humiliantes, il faut qu'ils y passent aussi ces deux petits-là. C'est la loi. Quant à Sylvia...

Il s'est retourné vers Lucile.

Que dire de Sylvia? Elle n'est pas romanesque, elle est tendre, elle n'est pas naïve, elle est bonne, elle n'est pas dure, elle est nette. Les belles dames de la cour ni le prince ne l'éblouissent. Elle sait tout, depuis toujours, sans avoir jamais rien appris. Elle a la plus juste mesure du cœur. Dans ce petit univers frelaté et ricanant sous ses soies, ses cailloux précieux, ses aigrettes – elle est seule, claire et nue sous sa petite robe de toile et elle les regarde toute droite et silencieuse s'agiter et comploter autour d'elle. Et tout ce qui faisait la force et le plaisir du prince est entre ses mains, soudain – inutile. Sylvia est une petite âme inaccessible qui le regarde à mille lieues de lui et le trouble. Il y avait donc autre chose au monde que le plaisir – et il ne le savait pas?

Sa voix a un peu changé malgré lui en parlant. Hortensia, la comtesse et Héro derrière son verre, le regardent, surpris. Il conclut sourdement, comme gêné soudain.

Mais je n'ai pas besoin de vous expliquer le rôle, mademoiselle; vous n'avez qu'à être vous.

*Tout le monde est immobile et les regarde...
Le rideau tombe.*

Se choque lui même

choque sa famille,
aussi

DEUXIÈME ACTE

Même décor. En scène : le comte et Lucile en costumes.

LE COMTE

Je sais que j'ai tort de vous parler ainsi, mais je suis au milieu de ma vie et je n'ai pas encore eu la force de me refuser un plaisir!

Il la regarde, s'arrête.

Pardon. J'ai dit le mot qu'il ne fallait pas dire. Un peu de patience... J'apprendrai le vocabulaire aussi.

Il se secoue.

Je ne sais d'ailleurs pas quelle conjuration de cagots et de vieilles filles a pu réussir, en deux siècles, à discréditer le mot plaisir. C'est un des mots les plus doux et les plus nobles de la langue. Je ne suis pas croyant mais, si je l'étais, je crois que je communierais avec plaisir. Le mal et le bien, aux origines, cela a dû être ce qui faisait plaisir ou non — tout bonnement. Toute la morale de ces cafards repose précisément sur ce petit mot fragile et léger qu'ils abhorrent. Pourquoi l'amour ne serait-il pas d'abord ce qui fait plaisir au cœur? On a bien le temps de souffrir par la suite

Il la regarde

En tout cas, c'est passionnant d'être amoureux d'une jeune fille muette. Cela vous entraîne au soliloque et à la méditation. On ne se parle jamais assez. On est pourtant son interlocuteur le plus attentif, le plus prompt à la repartie. Voilà des années que je ne m'étais pas adressé la parole. Je me méconnaissais : je suis d'un commerce très agréable. Je m'aperçois que je dis les choses les plus justes et les plus inattendues. Comme on juge sur les apparences, trop vite, toujours! Je me découvre très tendre et très profond.

LUCILE

Vous savez que nous sommes censés répéter notre scène et qu'ils écoutent aux portes, très certainement.

LE COMTE

La muette parle! Comme c'est intéressant une muette qui se met à parler. Et — merveille! — ce n'est pas pour me dire de me taire, c'est seulement pour me dire de parler moins fort.

LUCILE

Si j'avais vraiment voulu vous faire taire, depuis huit jours que je suis ici, je l'aurais fait. Les filles ont de la ressource. J'aurais pu aussi vous laisser parler et ne pas vous entendre. J'ai simplement peur qu'ils nous écoutent, c'est vrai.

LE COMTE

Pourquoi ne voulez-vous pas me voir autre part que dans ce salon au moment des répétitions? Quel jeu jouez-vous si c'est vrai que je ne vous ennuie pas?

LUCILE

Aucun jeu, je vous l'assure. Quand j'aimerai un homme, à la minute où je le saurai, je ferai tout pour lui faire plaisir, comme vous dites, et je serai tout de suite à lui — sans jeu.

LE COMTE

Je me demande quelles sortes de vertus ou de garanties sera tenu de vous apporter cet important personnage?

LUCILE

Aucune. Je serai à lui, s'il est pauvre, s'il fuit et qu'il ne sait même pas où coucher le soir, s'il a une femme et des enfants et qu'il n'a qu'une petite heure par semaine à me donner, dans un café.

LE COMTE, *avec un peu d'humeur.*

Vous vous environnez de mystère et vous êtes toutes les mêmes! Surtout s'il est pauvre, bien sûr, surtout s'il fuit! Quand on ne vous prend pas de force, il vous faut toujours un peu de pitié pour vous donner.

LUCILE, *doucement.*

Même s'il est riche et heureux. C'est exactement la même chose.

LE COMTE

Eh bien! je suis riche et heureux et je voudrais que vous m'aimiez.

LUCILE

Les petits enfants aussi demandent la lune. C'est mon métier, justement, de leur expliquer qu'on ne peut pas l'avoir si facilement. Vous croyez que je ne voudrais pas vous aimer, moi? Vous ou un autre. Cela doit être si bon de tout donner.

LE COMTE

N'est-ce pas? Et cela se trouve bien, justement je mendie. Nous devrions pouvoir nous arranger tous les deux.

LUCILE

Mon pauvre monsieur, on ne donne qu'aux riches.

LE COMTE

Expliquez-vous. J'étais dernier en Histoire Sainte,
je n'ai jamais très bien su débrouiller les paraboles.

LUCILE

Le garçon qui m'aimera comme je veux n'aura pas
besoin de me demander.

LE COMTE

Mais comment saurez-vous qu'il vous aime? Parce
qu'il vous le dira, pauvre petit oiseau?

LUCILE

Non. Parce qu'il ne songera pas, sans doute, à me
le dire. Et surtout pas d'une façon amusante comme
vous.

LE COMTE

Et qu'est-ce qu'il fera ce cafard? Il vous parlera
de la lune? Il gémira? Il se jettera à vos genoux en se
donnant des coups de poing à l'endroit présumé du
cœur?

LUCILE

Il aura honte, il se taira, j'imagine. Il évitera peut-
être même mon regard. Ce sera une autre qu'il invi-
tera à danser — mais je saurai que c'est moi qu'il aime.

LE COMTE, *après un petit temps.*

C'est un peu compliqué comme règle. Mais j'apprendrai. Je suis très doué pour tous les jeux.

LUCILE

J'ai peur que celui-là ne s'apprenne pas.

LE COMTE

Moi quand j'aime je veux être aimable, je veux être drôle – je veux briller. Les coqs font bouffer leurs plumes. Je pense que c'est un geste naturel.

LUCILE

Je voudrais surtout que le garçon que j'aimerai ne sache pas dire ce qu'il fait quand il aime... J'espère bien qu'il sera aussi surpris que moi. Mais répétons plutôt, je vous en prie. Nous bavardons et nous ne serons jamais prêts. Ce serait terrible, n'est-ce pas, si nous ne savions pas nos rôles?

LE COMTE

Soit. Je vous remercie de me remettre aussi gentiment à ma place. Je suis un imbécile. J'ai été un garçon un peu trop gâté par le sort et j'ai d'assez mauvaises habitudes, c'est vrai. Oublions tout et répétons. Vous avez raison.

Il commence.

« Eh quoi, Sylvia, vous ne me regardez pas... »

Il s'arrête.

Un mot encore. Je suis un pauvre diable, c'est entendu et cela doit être merveilleux d'être simple et de tout donner. C'est une grâce que je n'ai pas reçue, voilà tout. Vous êtes une fille ravissante sous votre léger voile de brume, pour qui sait voir. Depuis huit jours que vous êtes ici, je me demande pourquoi, je ne pense qu'à vous. Je vous l'ai dit – à ma façon – c'est-à-dire en essayant d'être drôle. Vous m'avez fait savoir que la façon ou la chose ne vous plaisaient pas. C'est bien. Je suis un homme bien éduqué, je ne vous poursuivrai pas en essayant de vous prendre la taille dans les couloirs. Je ne me jetterai pas non plus dans l'étang. Entre les deux il y a une mesure moyenne qui est le regret d'une aventure charmante, voilà tout. Répétons, mademoiselle. Ils pourraient nous entendre en effet. J'ai été bien assez ridicule déjà ce soir, il est inutile que la chose s'ébruite.

Il commence.

« Eh quoi, Sylvia, vous ne me regardez pas. Vous devenez triste toutes les fois que je vous aborde. J'ai toujours le chagrin de penser que je vous suis importun. »

LUCILE *le regarde et sourit.*

Vous êtes gentil tout de même.

LE COMTE *s'arrête.*

Comment gentil?

LUCILE

Vous êtes tout à fait ce petit jeune homme avec ses gants blancs, sa canne et son premier melon qui allait arpenter l'avenue du Bois tous les matins.

LE COMTE

Comment? Qui vous a dit? A l'époque de mon premier melon, vous vagissiez dans vos couches, ma petite fille!

LUCILE

Cela ne fait rien. Je vous vois très bien. C'est difficile, n'est-ce pas, de grandir? Mais répétons, je vous en prie.

LE COMTE

C'est déconcertant! Voilà la première fois que vous me regardez gentiment et c'est pour m'inonder de pitié. Personne ne m'a jamais joué ce tour-là! Oui. J'ai eu un chapeau melon, un peu trop jeune peut-

être — mais c'était la mode à l'époque. Oui, j'ai été
avenue du Bois faire les cent pas tous les jours à midi,
mais j'habitais à côté et tous mes amis le faisaient.
Mais je n'étais pas tellement ridicule autant que je
m'en souvienne... Enfin les filles de votre âge — à cette
époque, — ne le trouvaient pas. Et je ne vois vraiment
pas ce qui, dans mon attitude, a pu vous autoriser à
me traiter de coquebin.

LUCILE

Ne vous fâchez pas. C'est plutôt bien d'être resté
un vrai petit garçon.

LE COMTE

Mais je ne suis pas un petit garçon! J'ai fait la guerre,
j'avais un canon, un vrai canon. On m'a donné la
croix, comme aux enfants c'est vrai, mais je ne la porte
pas. Je donne depuis quinze ans les bals les plus réus-
sis de Paris, — des bals de grandes personnes. Je
conduis une automobile. J'ai même couru. J'ai été
un temps diplomate et si j'avais persévéré, je repré-
senterais peut-être la France en ce moment quelque
part. Enfin, je ne sais pas moi! je suis un homme
comme les autres — plutôt plus brillant que les autres,
me dit-on. J'en ai assez d'écouter votre petite musique
comme un gros serpent subjugué! Répétons. « Eh
quoi, Sylvia, vous ne me regardez pas... »

LUCILE *se met docilement en place pour répéter.*

Vous savez, ce que je dis, cela n'a pas trop d'importance. Si on se mettait à écouter les divagations des
filles — on irait loin... Traitez-moi pour ce que je suis.
Je ne m'en offenserai pas...

LE COMTE, *avec humeur, encore.*

Mais je ne vous écoute pas! Je m'étonne simplement... Allons, allons, répétons. Je suis absurde et

c'est vous qui jouez le jeu — quoi que vous disiez et beaucoup plus spirituellement que moi. Je sais perdre, cela fait aussi partie de mon excellente éducation. Mais n'allez pas vous en vanter; c'est tout ce que je vous demande.

LUCILE

M'en vanter? A qui?

LE COMTE

Je ne sais pas moi. A votre parrain, à une amie.

LUCILE

Je ne parle jamais à mon parrain. Vous avez dû voir que les sentiments n'étaient pas très tendres entre nous. Et je n'ai pas d'amis.

LE COMTE

Bon. A vos douze petits orphelins peut-être.

LUCILE

Oh! à eux, je le leur dirai, soyez sûr. Je dois leur raconter tant d'histoires abracadabrantes pour les endormir tous les soirs. Et j'ai justement épuisé mon stock de contes de fées... Mais je transposerai. Cela se passera au Moyen Age. Et d'ailleurs ils ne comprennent jamais rien; ils dorment avant.

LE COMTE *commence*.

C'est bon. Répétons. « Eh quoi, Sylvia, vous ne me regardez pas? Vous devenez triste toutes les fois que je vous aborde, j'ai toujours le chagrin de penser que je vous suis importun. »

LUCILE

« Bon. Importun! Je parlais de lui tout à l'heure. »

LE COMTE

« Vous parliez de moi? Et qu'en disiez-vous belle Sylvia? »

LUCILE

« Oh! je disais bien des choses. Je disais que vous ne saviez pas encore ce que je pensais. »

LE COMTE

« Je sais que vous êtes résolue à me refuser votre cœur et c'est là savoir ce que vous pensez. »

LUCILE

« Vous n'êtes pas si savant que vous le croyez. Ne vous vantez pas tant. Mais dites-moi, vous êtes honnête homme et je suis sûre que vous me direz la vérité, vous savez comme je suis avec Arlequin, à présent prenez que j'aie envie de vous aimer, si je contentais mon envie, ferais-je bien? ferais-je mal? Là, conseillez-moi, dans la bonne foi. »

LE COMTE

« Comme on n'est pas le maître de son cœur, si vous aviez envie de m'aimer vous seriez en droit de vous satisfaire, voilà mon sentiment. »

LUCILE

« Me parlez-vous en ami? »

LE COMTE

« Oui, Sylvia, en homme sincère. »

LUCILE

« C'est mon avis aussi; j'ai décidé de même et je crois que nous avons raison tous les deux, ainsi je vous aimerai s'il me plaît sans qu'il ait le plus petit mot à dire. »

LE COMTE

« Je n'y gagne rien car il ne vous plaît point. »

LUCILE

« Ne vous mêlez pas de deviner... »

LE COMTE *la coupe soudain.*

C'est cela pardi! C'est tout simple. Vous m'avez menti, vous aimez quelqu'un. Quelque petit jeune homme qui s'occupe aussi de puériculture et à qui vous écrivez quatre grandes pages tous les soirs dans votre chambre.

LUCILE

Je crois que vous ne dites plus le texte.

LE COMTE

Je vous pose une question. Répondez-moi, tout de suite. Ils vont entrer.

LUCILE *le regarde et dit gravement.*

Non. Je n'aime personne et je n'ai encore jamais aimé.

Les autres entrent.

LA COMTESSE

Alors cette dernière scène?

LE COMTE

Elle va fort bien. Nous trouvons que nous avons beaucoup de talent, tous les deux.

LA COMTESSE

Nous qui en avons moins, il faudrait peut-être que nous répétions aussi.

LE COMTE

Voulez-vous que nous reprenions toute la pièce? M. Damiens dit qu'il est encore incertain.

LA COMTESSE

M. Damiens a l'habitude du public. Du temps qu'il était aux Assises, il a toujours arraché les larmes à qui il voulait. Il s'en tirera sûrement mieux que nous tous.

MONSIEUR DAMIENS

Voire! J'étais bien jeune, madame, à l'époque, j'avais le trémolo moins honteux. Et puis j'avais de grandes manches. Et le texte était de mon cru.

LA COMTESSE

Ne vous faites pas plus modeste que vous n'êtes, monsieur Damiens, par cabotinage, pour vous faire entendre encore une fois. Je n'ai pas de craintes pour vous. D'ailleurs nous n'avons plus le temps de revoir toute la pièce avant le dîner. Nous la verrons ce soir.

LE COMTE

Dans ce cas reprenons le début du deuxième acte. Nous passerons les tirades de Sylvia. Ma chère Hortensia, c'est pour vous qu'on répète. Je vous trouve un peu méchante dans votre scène avec Sylvia. C'est cousu de fil blanc. Soyez charmante, vous le pouvez. Il faut la duper cette fille-là, ne l'oubliez pas.

HORTENSIA *se pique soudain.*

Si vous pensez que je ne peux pas tenir le rôle, mon petit Tigre...

LE COMTE

Hortensia, il vous va comme un gant! Je ne vous demande qu'une nuance... Ces comédiens sont des gens impossibles, décidément. Dès qu'ils ont ouvert la bouche, le son de leur propre voix les enchante comme la flûte d'un charmeur de serpents. Ils s'engourdissent de plaisir en s'entendant et ils croient, dur comme fer, que nous partageons leur extase. Le naturel, le vrai, celui du théâtre, est la chose la moins naturelle du monde, ma chère. N'allez pas croire qu'il suffit de retrouver le ton de la vie. D'abord dans la vie le texte est toujours si mauvais! Nous vivons dans un monde qui a complètement perdu l'usage du point-virgule, nous parlons tous par phrases inachevées, avec trois petits points sous-entendus, parce que nous ne trouvons jamais le mot juste. Et puis le naturel de la conversation, que les comédiens prétendent retrouver : ces balbutiements, ces hoquets, ces hésitations, ces bavures, ce n'est vraiment pas la peine de réunir cinq ou six cents personnes dans une salle et de leur demander de l'argent, pour leur en donner le spectacle. Ils adorent cela, je le sais, ils s'y reconnaissent. Il n'empêche qu'il faut écrire et jouer la comédie mieux qu'eux. C'est très joli la vie, mais cela n'a pas de forme. L'art a pour objet de lui en donner une précisément et de faire par tous les artifices possibles – plus vrai que le vrai. Mais je vous ennuie. Je commence à me prendre au sérieux, moi aussi. Attaquons le deux. A vous, Sylvia.

LUCILE, *à Hortensia.*

« Oui je vous crois. Vous paraissez me vouloir du bien. Aussi vous voyez que je ne souffre que vous. Je regarde tous les autres comme mes ennemis. Mais où est Arlequin? »

HORTENSIA

« Il va venir, il dîne encore. »

HÉRO, *dans son verre,*
lorgnant Villebosse qui rumine dans son coin.

Erreur! Il ne dîne pas, il souffre. Et s'il a l'air de dîner c'est qu'il remâche sa rancœur.

VILLEBOSSE

Monsieur, je vous ai déjà dit que je ne vous parlais pas! Ma patience a des bornes, sachez-le.

LE COMTE

Héro, sois sérieux pour une fois!

HÉRO

Impossible mon cher, je ne suis pas encore ivre. Je serai sérieux un peu plus tard.

LUCILE *enchaîne.*

« C'est quelque chose d'épouvantable que ce pays-ci! Je n'ai jamais vu de femmes si civiles, d'hommes si honnêtes. Ils ont des manières si douces, tant de révérences, tant de compliments, tant de signes d'amitié. Vous diriez que ce sont les meilleures gens du monde, qu'ils sont pleins de cœur et de conscience. Quelle erreur! »

Au comte.

Je passe?

LE COMTE

Oui. Passez Vous dites tout cela fort bien

LUCILE

« ... Ne valoir rien, tromper son prochain, lui manquer de parole, être fourbe et mentir. Voilà le désir des grandes personnes de ce maudit endroit-ci Qu'est-ce que c'est que ces gens-là? D'où sortent-ils? De quelle pâte sont-ils? »

HORTENSIA

« De la pâte des autres hommes, ma chère Sylvia, que cela ne vous étonne pas. Ils s'imaginent que le mariage du prince ferait votre bonheur. »

LUCILE

« Mais ne suis-je pas obligée d'être fidèle? N'est-ce pas mon désir d'honnête fille? Et quand on ne fait pas son devoir est-on heureuse? Par-dessus le marché cette fidélité n'est-elle pas mon charme? »

Au comte.

Je passe?

LE COMTE

Non. C'est trop joli. Continuez.

LUCILE

« Et on n'a pas le courage de me dire : Là, fais un mauvais tour qui ne te rapportera que du mal, perds ton plaisir et la bonne foi. Et parce que je ne veux pas moi, on me trouve dégoûtée. »

HORTENSIA

« Que voulez-vous, ces gens-là pensent à leur façon et souhaiteraient que le prince fût content. »

LE COMTE

Bien, Hortensia!

LUCILE

« Mais ce prince que ne prend-il une fille qui se rende à lui de bonne volonté? Quelle fantaisie d'en vouloir une qui ne veut pas de lui. Quel goût trouve-t-il à cela? »

LA COMTESSE, *au comte*
que Lucile a regardé en jouant.

Signalez-lui que le prince n'est pas en scène, Tigre. C'est Hortensia qu'il faut regarder.

LUCILE *enchaîne.*

« Car c'est un abus que tout ce qu'il fait : tous ces concerts, ces comédies, ces grands repas qui ressemblent à des noces, ces bijoux qu'il m'envoie. Tout cela lui coûte un argent infini. C'est un abîme, il se ruine. Demandez-moi ce qu'il y gagne. Quand il me donnerait toute la boutique d'un mercier cela ne me ferait pas tant de plaisir qu'un petit peloton qu'Arlequin m'a donné. »

HORTENSIA

« Je n'en doute pas. Voilà ce que c'est l'amour. J'ai aimé de même. Et je me reconnais au peloton. »

Au comte.

Est-elle sincère en disant cela? Je sens que je parle faux. A-t-elle aimé vraiment? A-t-elle un jour préféré un petit peloton de laine à tous les bijoux du prince?

LE COMTE

Et vous, ma chère Hortensia?

HORTENSIA

Tigre, il ne s'agit pas de moi. Si c'est un jeu que vous jouez il n'est pas drôle! Vous venez de nous dire que nous n'étions pas nous...

LE COMTE

Pardon. Quand j'ai distribué la pièce j'ai très bien su ce que je faisais. Vous l'avez parfaitement dite votre réplique.

HORTENSIA

Je l'ai donnée « sincère ».

LE COMTE

Et comme vous n'avez jamais préféré le moindre

peloton de laine à votre plaisir, en la donnant « sincère » vous avez eu l'air abominablement faux. C'était parfait. C'est ce que je voulais. Continuez.

HORTENSIA

Vous jouez de nous comme de totons! Vous lasserez bientôt notre patience.

LE COMTE

Tous les metteurs en scène géniaux font ainsi. Encore heureux que je ne hurle pas, que je ne déchire pas les brochures. Il n'y a pas de mise en scène de génie sans crises de nerfs. L'insulte est la monnaie courante, quelques très grands metteurs en scène vont jusqu'à la gifle. Et ne croyez pas que cela soit gratuit. Cela se sent toujours, après, quand on écoute la pièce, si le maître a été vraiment viril. Une pièce mise en scène par un homme poli, il est bien rare que cela sente le génie. Enchaînez, Sylvia, enchaînez. « Eh bien! qu'il tâche de m'oublier... »

LUCILE

« Eh bien! qu'il tâche de m'oublier, qu'il me renvoie, qu'il voie d'autres filles... Il y en a ici qui ont leur amant comme moi, mais cela ne les empêche pas d'aimer tout le monde. J'ai bien vu que cela ne leur coûte rien. Mais pour moi, c'est impossible. »

HORTENSIA

« Eh! ma chère enfant, avons-nous rien ici qui vous vaille, qui approche de vous? »

LE COMTE

Fort bien, le fiel sous le sourire. Vous avez dû travailler toute la nuit pour mettre cela au point, Hortensia!

LUCILE

« Oh que si! Il y en a de plus jolies que moi et quand elles seraient à moitié moins jolies, cela leur fait plus de profit qu'à moi d'être tout à fait belle. J'en vois ici de laides qui font si bien aller leur visage qu'on y est trompé. »

LA COMTESSE

C'est Flaminia que vous regardez, ma petite fille. Je ne suis pas encore en scène. J'entre plus tard.

HORTENSIA

« Oui mais le vôtre va tout seul et cela est charmant. »

LUCILE

« Bon! Moi! Je ne parais rien. Je suis tout d'une pièce auprès d'elles. Je demeure là; je ne vais ni ne viens. Au lieu qu'elles, je les vois toujours d'humeur joyeuse. Elles ont des yeux qui caressent tout le monde, elles ont une mine hardie, une beauté libre qui ne se gêne point, qui est sans façons. Cela plaît davantage que non pas une honteuse comme moi, qui n'ose regarder les gens et qui est confuse qu'on la trouve belle. »

LA COMTESSE

Je trouve qu'elle devrait le dire avec plus de modestie. Vous ne le pensez pas, Tigre? Elle a l'air de vouloir attaquer à son tour.

LE COMTE

Mais elle attaque, elle attaque! Tout le monde commence à avoir envie qu'elle attaque!

LA COMTESSE

Et puis enfin mademoiselle est charmante, nous le

trouvons tous et je pense pour ma part que vous avez
fort bien fait de lui donner le rôle. Mais enfin — je
puis le dire devant elle car elle a de l'esprit — elle n'a
pas un éclat qui justifie cette assurance de sa beauté
qu'il y a dans le texte. Elle devrait dire cela plus simplement.

LE COMTE

Je ne suis pas de votre avis. Je trouve qu'elle le dit
fort bien. Continuez, Hortensia.

HORTENSIA

« Et voilà justement ce qui touche le prince, voilà
ce qu'il estime, c'est cette ingénuité, cette beauté
simple, ce sont ces grâces naturelles. Et croyez-moi,
ne louez pas tant les femmes d'ici car elles ne vous
louent guère. »

LUCILE

« Qu'est-ce donc qu'elles disent? »

HORTENSIA

« Des impertinences. Elles se moquent de vous,
raillent le prince, lui demandent comment se porte
sa beauté rustique. Y a-t-il de visage plus commun?
disaient, l'autre jour, ces jalouses entre elles. De taille
plus gauche? Là-dessus l'une vous prenait par les
yeux, l'autre par la bouche. Il n'y avait pas jusqu'aux
hommes qui ne vous trouvaient pas trop jolie. J'étais
dans une colère! »

LUCILE

« Pardi! Voilà de vilains hommes de trahir comme
cela leur pensée pour plaire à ces sottes-là. »

LE COMTE

Ah! qu'elle est drôle! Vous ne trouvez pas qu'elle

est drôle quand elle dit cela? J'adore ce petit personnage.

HORTENSIA

« Sans difficulté. » Ne coupez pas toujours Tigre,
c'est agaçant! « Sans difficulté. »

LUCILE

« Que je hais ces femmes-là! Mais puisque je suis
si peu agréable à leur compte, pourquoi donc est-ce
que le prince m'aime et qu'il les laisse là? »

HORTENSIA

« Oh! elles sont persuadées qu'il ne vous aimera
pas longtemps : que c'est un caprice qui lui passera
et qu'il s'en ira tout le premier. »

LE COMTE

Dieu, que vous l'avez bien dite celle-là, Hortensia!
Vous y êtes, ma chère, vous y êtes, vous n'avez qu'à
vous laisser aller. Laissons le reste et prenons mon
entrée avec Éliane, c'est extrêmement important.

Il prend la comtesse par le bras.

Venez, Éliane, nous entrons.

LUCILE

« Comment, vous voilà, monsieur? Vous saviez
donc bien que j'étais ici? »

LE COMTE

« Oui, mademoiselle, je le savais. Mais vous m'avez
dit de ne plus vous voir et je n'aurais pas osé paraître
sans madame, qui a souhaité que je l'accompagnasse
et qui a obtenu du prince l'honneur de vous faire la
révérence. »

LUCILE

« Je ne suis pas fâchée de vous revoir et vous me trouvez bien triste. A l'égard de cette dame, je la remercie de la volonté qu'elle a de me faire une révérence. Je ne la mérite pas mais qu'elle me la fasse puisque c'est son désir. Je lui en rendrai une comme je pourrai. Elle m'excusera si je la fais mal. »

LA COMTESSE

« Oui, ma mie, je vous excuserai de bon cœur. Je ne vous demande pas l'impossible. »

LUCILE

« Je ne vous demande pas l'impossible! Quelle façon de parler! »

LA COMTESSE

« Quel âge avez-vous ma fille? »

LUCILE

« Je l'ai oublié, ma mère. »

HORTENSIA, *à Lucile.*

« Bon! »

LA COMTESSE

« Elle se fâche, je pense? »

LE COMTE

« Mais, madame, que signifie ce discours-là? Sous le prétexte de venir saluer Sylvia, vous lui faites une insulte? »

LA COMTESSE

« Ce n'est pas mon dessein. Mais j'avais la curiosité de voir cette petite fille qu'on aime tant, qui fait naître une si grande passion et je cherche ce qu'elle a de si aimable. On dit qu'elle est naïve, c'est un agrément campagnard qui doit rendre amusante. Priez-la de nous donner quelques traits de naïveté. Voyons son esprit. »

LUCILE

« Hé non! madame, ce n'est pas la peine. Il n'est pas si plaisant que le vôtre. »

LA COMTESSE

« Ah! Ah! Vous demandez du naïf, en voilà! »

LE COMTE, *à la comtesse.*

« Allez-vous-en, madame. »

LA COMTESSE

« Cela m'impatiente à la fin et, si elle ne s'en va pas, je m'en irai tout de bon. »

LE COMTE, *à la comtesse.*

« Vous me répondrez de votre procédé. »

LA COMTESSE

« Adieu! Un pareil objet me venge assez de celui qui en fait le choix. »

LE COMTE

Parfait. Scène III.

LA COMTESSE *enchaîne.*
C'est presque le même ton.

Assez. Je suis fatiguée Tigre et j'aimerais avoir une conversation avec vous. Voulez-vous monter avec moi jusqu'à ma chambre?

HORTENSIA

C'est cela, arrêtons-nous un peu. Tigre trouve tout

cela très drôle j'en suis sûre, nous moins. Nous avons besoin de souffler, mon cher.

LE COMTE

C'est bon : repos. La répétition reprendra dans un quart d'heure.

Hortensia est sortie.

LE COMTE, *à Héro.*

Mon cher Héro, les femmes n'entendent rien au théâtre. Sorties de leur propre représentation, cela ne les amuse plus.

HÉRO

Elles devraient boire, cela rend tous les jeux gracieux. Vous aussi, Villebosse.

Villebosse se détourne, excédé.

VILLEBOSSE

Un jour je vous proposerai un jeu qui sera moins gracieux, monsieur!

LA COMTESSE, *du seuil.*

Eh bien! Tigre, venez-vous?

VILLEBOSSE, *qui s'est levé, soupçonneux.*

Où vous retrouverai-je, Éliane?

LA COMTESSE

Je ne sais pas. Vous m'ennuyez, Villebosse.

Ils sont sortis, le comte haussant les épaules, Ville-bosse les suivant, soucieux. Restent Lucile, Damiens et Héro.

HÉRO, *sortant avec son verre, va à Lucile.*

Mademoiselle, vous tenez votre rôle à ravir. C'est

un ivrogne qui vous parle : je buvais vos paroles. J'en ai oublié de boire autre chose pendant tout ce temps-là. Je l'écrirai demain à mon médecin et il vous enverra sans doute un petit mot de remerciement... Je vais quitter aussi le Louis XV. Mon gilet est trop étroit. Et moi qui n'en ai jamais bu, il paraît que j'ai des litres d'eau dans le ventre... La vie est pleine de ces contradictions curieuses. Vous ne le saviez pas encore, mon petit cœur?

> *Il s'est approché un peu trop près de Lucile en lui parlant, elle recule imperceptiblement.*

Vous reculez? Je sens mauvais peut-être? Je sens l'alcool. Que voulez-vous donc que je sente? Mais ce n'est pas une mauvaise odeur. On conserve précisément dans l'alcool le foie des grands alcooliques pour faire peur, après, aux bons petits jeunes gens. Est-ce que je vous fais peur?

LUCILE

Non.

HÉRO

C'est parce que vous ne voyez pas mon foie. Il paraît que c'est une floraison effroyable. Une forêt vierge de fleurs de toutes les couleurs. Vous n'aimez pas les fleurs je vois. C'est bien. Je vous dégoûte sans doute?

> *Elle ne répond pas, il est tout près d'elle, son verre à la main. Il sourit méchamment.*

C'est bien aussi. Il faut que je dégoûte un peu. C'est dans mon rôle. Pas celui de la pièce de Marivaux, dans l'autre, — celle que je joue vraiment.

> *Se dirigeant vers la porte, il passe près de Damiens.*

Elle est charmante votre filleule, monsieur Damiens,

mais si au lieu de m'appeler Héro de... — mon nom est trop long, je vous en fais grâce — je m'appelais tout bonnement M. Damiens, je vous jure que je la remmènerais.

Il sourit mystérieusement du seuil.

Serment d'ivrogne!

Il est enfin sorti. Lucile a comme un petit frisson de dégoût et va sortir. M. Damiens a un geste pour la retenir.

MONSIEUR DAMIENS

Il faut que je vous parle, Lucile.

LUCILE, *fermée.*

Je vous écoute.

MONSIEUR DAMIENS

Vous êtes jeune. Vous ne savez pas grand-chose du monde ni de la vie. A la mort de votre pauvre mère, vous avez voulu travailler pour être indépendante et cela partait d'un bon sentiment. Quoique, vous le saviez, vous n'y étiez pas obligée...

LUCILE

Pas obligée? Maman vivait de sa pension de veuve. A sa mort je suis restée avec une salle à manger Renaissance, trois fauteuils Régence qu'on avait toujours crus vrais, et qui étaient faux, mon phonographe et un vieux chat. Que pouvait-il me rester d'autre à faire?

MONSIEUR DAMIENS

J'étais là.

LUCILE

Vous êtes mon parrain, c'est vrai. Et vous avez été très bon de vous occuper de moi, mais je ne voulais rien vous devoir.

MONSIEUR DAMIENS, *doucement*.

Pourquoi, Lucile?

LUCILE

Vous le savez.

MONSIEUR DAMIENS

Cette offre que je vous ai faite vous a paru mons-
trueuse sur le coup. Dieu sait ce que rêve une petite
fille de dix-huit ans!... C'est pourquoi je vous ai laissé
faire. J'ai voulu que la vie et le travail vous apprennent
un peu la triste sagesse, qu'ils vous montrent ce qu'ils
ont, en réalité, à offrir. Je sais que ces deux ans ont
été très durs pour vous.

LUCILE

Me suis-je plainte?

MONSIEUR DAMIENS

Jamais, non, car vous avez aussi beaucoup d'orgueil.
Mais croyez-vous que c'est avec plaisir que je vous ai
vue vous débattre dans vos fins de mois, avec votre
petit chapeau cent fois rafistolé, vos gants toujours
troués, vos bas sans âge? Vous êtes jolie et je sais qu'à
votre âge on a envie d'être coquette. J'aurais voulu
vous donner un peu de douceur.

LUCILE

J'aurais aimé en recevoir, bien sûr. Si vous croyez
que je suis une héroïne!... Mais pas de vous.

MONSIEUR DAMIENS

Vous n'avez personne au monde. J'avais bien ce
droit il me semble — et même ce devoir.

LUCILE

Vous savez que cette conversation m'est pénible. Ne

la reprenons pas je vous en prie. J'ai reçu de vous des poupées et des boîtes de couture quand j'étais une petite fille — et puis vous m'avez trouvé cette place. Vous avez rempli votre devoir envers moi. Je me débrouillerai très bien toute seule maintenant.

MONSIEUR DAMIENS

Pourquoi ne me permettez-vous pas de vous donner la sécurité dont vous avez besoin?

LUCILE

Ce n'est pas de sécurité qu'on a besoin à mon âge.

MONSIEUR DAMIENS

Je ne parle pas que de sécurité matérielle. Une affection sincère, des attentions, une protection aussi.

LUCILE *le regarde bien en face.*

Et contre qui pensiez-vous donc me protéger, si j'acceptais ce que vous m'avez proposé? Contre les autres hommes qui pourraient me proposer la même chose que vous?

MONSIEUR DAMIENS *se rapproche, un peu plus âpre.*

Contre d'autres hommes plus légers qui n'ont pas l'amour et le respect que j'ai pour vous. D'autres hommes qui ne pourraient penser qu'à prendre leur plaisir d'un soir avec vous.

LUCILE

N'avez-vous pas appris que je savais me défendre?

MONSIEUR DAMIENS

Contre moi peut-être, qui ai eu l'honnêteté de vous dire ce que je vous offrais. Mais contre un autre plus jeune et plus brillant qui vous mentirait...

LUCILE

S'il est plus jeune et plus brillant, de toute façon cela sera moins triste, même si cela dure moins longtemps. Surtout si cela dure moins longtemps. L'ignominie, il vaut tout de même mieux que ce ne soit pas un projet d'avenir... Et du moins ce plaisir d'un soir sera peut-être partagé.

MONSIEUR DAMIENS

Je ne peux pas vous entendre parler avec ce cynisme! Je regrette maintenant de vous avoir introduite dans cette maison'

LUCILE

Parce qu'on m'y déguise et qu'on m'y fait aussi jouer la comédie pour le même prix? Dans ma condition je sais qu'il faut accepter certaines choses... La directrice de la maison d'enfants où j'ai commencé à travailler m'a tout de suite fait comprendre cette loi, rassurez-vous. Et d'une façon plus sordide. J'ai eu mon petit lot d'humiliations en échange de mon assiette de soupe. Je suis au courant, maintenant. Et si c'est cela que vous souhaitiez que la vie m'apprenne, c'est fait.

MONSIEUR DAMIENS

Ma petite fille, cet homme vous désire et il n'aura de cesse qu'il ne soit arrivé à ses fins. Et tout le monde ici a vu son manège. Vous les avez observés tout à l'heure pendant cette répétition? La comtesse est une femme de tête, elle lui passe ses maîtresses comme il lui passe de son côté, ses amants, pourvu que le jeu se joue dans leur monde, avec des cartes qu'elle connaît. Elle n'acceptera jamais qu'il vous courtise. Elle va vous abreuver d'humiliations. Vous chasser.

LUCILE

C'est cela qui vous fait si peur? Que je perde ma

place? Je retournerai dans une autre maison d'enfants, voilà tout. Il y a une chose que vous ne savez pas, c'est comme on est riche quand on n'a rien à perdre. Les enfants sont tous pareils, ils braillent autant, font les mêmes petites saletés aux mêmes moments inattendus et exigent les mêmes baisers, le soir, de cette petite fille à peine plus grande qu'eux, qu'on paie pour faire semblant d'être leur mère.

MONSIEUR DAMIENS

Vous ne pouvez pas être la maîtresse de cet homme!

LUCILE

Je ne le serai pas, rassurez-vous. Mais pour d'autres raisons qui ne regardent que moi.

MONSIEUR DAMIENS

Il se moque de vous; c'est un coureur, c'est un...
Entre le comte brusquement, il est un peu pâle.

LE COMTE

Excusez-moi, monsieur Damiens, je dois accaparer encore votre filleule. J'ai une scène à mettre au point avec elle avant la répétition de ce soir. Vous permettez?

MONSIEUR DAMIENS, *raide.*

Je vous la confie, monsieur le comte. Je la mettais justement en garde contre les tentations d'un milieu et d'une vie qui ne sont pas les siens. C'est charmant cette idée de l'avoir mise de la comédie et je vous remercie, ainsi que Mme la comtesse, d'avoir la bonté de la traiter comme votre égale, mais je ne voudrais pas qu'elle oublie qu'elle est là pour gagner sa vie, en somme, et garder des enfants.

LE COMTE

Mon cher Damiens, j'espérais faire mon possible

pour qu'elle l'oublie, au contraire. Ce n'est pas si drôle qu'il faille y penser tout le temps! Et si je dois veiller à quelque chose, c'est à ce que personne ne s'avise de le lui rappeler. Mlle Lucile est mon invitée et si, en plus de la grâce qu'elle nous fait de jouer avec nous — et avec beaucoup plus de talent que nous — cette comédie de Marivaux, elle a le courage et la gentillesse de s'occuper des douze monstres de ma tante, au lieu de dormir jusqu'à midi comme les autres et de se pomponner devant sa glace, c'est une raison de plus que nous avons de la respecter. Je compte l'apprendre à tout le monde.

MONSIEUR DAMIENS

Si vous voulez bien vous charger vous-même de ce soin, alors je vous laisse, monsieur le comte, complètement rassuré.

Il s'incline et sort.

LE COMTE *se retourne vers Lucile.*

Ne dites rien. D'abord, je vous demande pardon. Je suis entouré depuis toujours de mufles de bonne compagnie, et j'ai fini par m'y habituer jusqu'à en devenir peut-être un, moi aussi. Avant la représentation, il n'y a rien à faire... Une fête est une fête et celle-là doit être donnée... Elles vont vous rendre la vie intenable, mais je sais que vous êtes courageuse. Je sors d'une conversation avec ma femme — et, moi qui pensais tout savoir, je viens d'apprendre jusqu'où une femme d'esprit et de goût pouvait se laisser aller dans la sottise et la bassesse, lorsqu'elle sent quelque chose de dangereux et d'insolite dans l'air. Parce qu'ils ont compris, tous, que je vous aimais et que ce n'était pas un caprice. Alors voilà ce que je vous propose. Ne dites rien avant que j'aie fini. Vous pensez bien que je n'accepterai jamais de continuer à mener mon heureuse petite vie de plaisirs, pendant que vous serez en train de moucher et de nettoyer des moutards, qui ne sont même pas les vôtres, quelque part dans ce vaste monde... Vous valez mieux que cela et mieux aussi que tout ce que j'ai à vous offrir personnellement.

Il arrête d'un geste ce qu'elle allait dire et continue.

J'ai peu d'argent — que cela vous mette à l'aise — il y a belle lurette que j'ai croqué mes héritages mais, en vendant les bribes qui me restent, je puis réaliser de quoi vous faire partir à l'étranger. Vous y reprendrez vos études interrompues — sans être obligée à ce travail imbécile — vous serez libre et, dans quelques années ou dans quelques mois, je souhaite de tout mon cœur que vous trouviez le garçon de votre âge que vous méritez et qui bâtira une vraie vie avec vous. Je ne vous reverrai jamais.

Un petit temps. Il ajoute.

Je pense que l'argent vous gêne, mais c'est nécessaire et l'argent n'est rien pour les êtres libres — des jetons. Il ne faut pas être trop petite-bourgeoise avec lui, et je vous demande bien humblement de partager ce qui me reste avec moi. Vous partirez le lendemain de la fête.

Encore un petit temps, il conclut.

C'est une proposition d'égoïste. D'un égoïste qui ne vous a même pas tenue une fois dans ses bras et qui a beaucoup de peine.

Il lui demande humblement.

Acceptez-vous?

LUCILE *le regarde et dit :*

Non. Bien sûr.

Il lève les yeux sur elle, désemparé, elle ajoute doucement.

Je préfère rester maintenant.

> *Il la regarde un instant hésitant, puis il la prend soudain dans ses bras et l'embrasse.*

LE COMTE

Mon petit.

> *Elle murmure, dans ses bras, se blottissant.*

LUCILE

On est trop bien. Vous croyez que c'est cela qu'ils appellent la tendresse? Je croyais que cela ne venait que beaucoup plus tard?

LE COMTE

Je le croyais aussi. Nous avons dû faire vite.

LUCILE

Nous avons bien fait. C'est le meilleur.

> *Ils sont dans les bras l'un de l'autre, Lucile murmure soudain.*

J'ai peur.

LE COMTE

De quoi?

LUCILE

De ne pas vous amuser longtemps. Je ne suis pas belle.

LE COMTE

Si.

LUCILE

Pas comme Hortensia.

LE COMTE

Non. Tant mieux.

LUCILE

Je ne suis pas intelligente.

LE COMTE

Êtes-vous assez sotte pour vouloir me faire dire
« Si »?

LUCILE

En tout cas, je suis incapable de dire quelque chose
de drôle au bon moment.

LE COMTE

Je l'espère bien.

LUCILE

Je suis pauvre. Et ce n'est pas l'état qui est grave,
c'est l'habitude. Je m'habille mal et si j'avais de l'argent
pour m'habiller, je risquerais de m'habiller plus mal
encore. On ne peut pas ne pas voir sur mes mains que
j'ai fait une grande quantité de petites lessives — sans
doute même quelques vaisselles — et qu'en tout cas ce
sont des mains qui ont servi... Qu'est-ce qui me reste
pour que vous m'aimiez, une fois l'attrait de la nou-
veauté passé?

LE COMTE, *doucement*.

De n'être pas belle comme les autres, d'être gauche,
d'être pauvre et au lieu de griffes sanglantes alour-
dies de cailloux, d'avoir deux petites mains nues, aux
ongles courts — qui ont servi.

Il les prend et les embrasse.

Deux mains de vraie femme.

LUCILE *murmure*.

Si c'était le goût des bergères qui vous attire vers
moi, j'aurais si honte que j'en mourrais.

LE COMTE

Ce serait bien bête de ne pas comprendre, vous qui comprenez toujours tout. Pensez-vous que ce soit par hasard que tout au long des légendes les princes prisonniers aient cherché si avidement une fille pauvre qui les délivre? Et pensez-vous que cela leur fut facile? Le monde est plein de midinettes prêtes à adorer les princes quels qu'ils soient.

LUCILE

Tout le monde croira que c'est pour cela que je vous aime!

LE COMTE

Comptez qu'ils miseront là-dessus aussi, pour nous séparer. Le croirez-vous, vous?

LUCILE

Non.

LE COMTE

Moi non plus. Alors, petite sotte, si nous ne le croyons ni l'un ni l'autre, qui est-ce « le monde »? Vous me présenterez.

LUCILE, *doucement, montrant*
les autres qui entrent.

C'est eux.

LE COMTE

Des comparses. De tout petits rôles dans la pièce que nous allons jouer tous les deux.

Il enchaîne à voix haute.

« Oui Sylvia, je vous ai caché jusqu'ici mon rang pour essayer de ne devoir votre tendresse qu'à la mienne. Je ne voulais rien perdre du plaisir qu'elle pouvait me faire... A présent que vous me connaissez, vous êtes libre d'accepter ma main et mon cœur ou de refuser l'un et l'autre », etc., etc.

> *Il se retourne vers les autres.*

Je vois que vous êtes exacts, merci... J'espère que vous vous êtes reposés. Si vous le voulez bien, avant de répéter encore une fois la pièce, nous allons nous occuper d'une chose capitale que les comédiens n'oublient jamais de régler la veille des générales. Ils y passent le temps qu'il faut, le texte lui-même ne fût-il pas au point. Je veux parler de l'ordre des saluts pour les acclamations finales... Je vous propose l'ordre suivant qui me paraît logique... Je donne la main à Lucile, Éliane à ma droite, puis Héro, Hortensia ; Damiens de l'autre côté et Villebosse...

> *Il le cherche.*

Où est Villebosse ?

> VILLEBOSSE *entre furieux comme toujours.*

On m'avait dit qu'on répéterait sur la terrasse ! Il est quatre heures. Répétons-nous ou ne répétons-nous pas ?

> LE COMTE

Un instant Villebosse. Pour le moment, nous faisons une chose encore plus importante au théâtre : nous saluons...

> *Ils saluent tous le public dans l'ordre indiqué par le comte, le rideau tombe rapidement.*

TROISIÈME ACTE

Même décor.
La comtesse et Hortensia en scène.
Hortensia est assise, la comtesse debout, marche nerveuse-
ment en silence. Entre Villebosse.

VILLEBOSSE

Répétons-nous ou ne répétons-nous pas?

LA COMTESSE

Vous nous ennuyez, Villebosse.

HORTENSIA

Tigre a exigé que nous soyons habillés pour quatre heures. Nous l'attendons.

VILLEBOSSE

Enfin, qu'est-ce qui se passe depuis hier? On répète sans donner le ton — ou bien, sur certaines répliques on en donne trop, tout à coup, comme si elles étaient chargées de sous-entendus qui m'échappent — tout le monde ricane soudain on ne sait pas pourquoi; tout le monde s'insulte; cette petite pleure; Tigre devient tout rouge et quitte la répétition... Aujourd'hui nous sommes en retard d'une heure. Nous passons dans trois jours que diable! et j'ai un rôle écrasant. Je ne tiens pas à être ridicule.

LA COMTESSE

Laissez-nous, Villebosse. J'ai à parler à Hortensia.

VILLEBOSSE

Éliane, vous non plus, je ne vous comprends plus. Votre attitude avec moi est absolument déroutante. Enfin, que vous ai-je fait?

LA COMTESSE

Rien. Absolument rien. Et c'est là le drame. Laissez-nous.

VILLEBOSSE

Mais je souffre, Éliane!

LA COMTESSE

Allez souffrir un moment dans le jardin. J'ai à parler à Hortensia. Nous vous rappellerons.

VILLEBOSSE

Je ne comprends vraiment pas comment j'ai pu vous déplaire depuis hier.

LA COMTESSE

Mon pauvre ami, il n'est pas question de vous. Je vous demande de nous laisser un instant, c'est tout.

VILLEBOSSE

Je vous laisse, mais je suis à bout. J'attends que vous me rappeliez sur la terrasse. Vous me devez une explication.

LA COMTESSE

Vous l'aurez. Nous l'aurons tous.

Villebosse sort.

Ma petite Hortensia je ne vous comprends pas. Enfin! il courtise cette fille; il est épris d'elle, cela crève

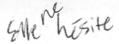
Elle hésite

Acte III

les yeux. Il ne pense même plus à sa fête et c'est bien la première fois de ma vie que je vois Tigre négliger un plaisir. Et vous restez là, sans rien faire.

HORTENSIA

Je le trouve odieux!

LA COMTESSE

Il ne s'agit pas de le trouver odieux sans lever le petit doigt; il s'agit de vous défendre. Enfin, si j'étais la maîtresse de Tigre, je ne me laisserais pas moquer de cette façon. Hortensia, vous me décevez!

HORTENSIA

Vous savez, comme moi, qu'une scène entre nous n'arrangera rien.

LA COMTESSE

Vous ne voulez tout de même pas que ce soit moi qui la lui fasse? Je ne lui en ai pas fait pour vous, je n'ai aucune raison de lui en faire une pour cette fille.

HORTENSIA

Laissons-le faire. Il réussira à monter dans sa chambre ce soir et demain il n'y pensera plus.

LA COMTESSE

plus perceptive
understands Tigre

Vous êtes aveugle. Tigre n'est plus le même. Quelque chose a été touché en lui, que rien n'avait atteint jusqu'ici. Je le regardais hier, pendant le dîner, il ressemblait à une petite photographie de lui qu'un camarade avait prise pendant la guerre, le matin de l'offensive allemande : ce petit garçon grave et parfaitement heureux à côté de son canon. Je ne pensais pas qu'autre chose que la mort pouvait faire remonter ce visage-là du fond de lui.

somnambule?

HORTENSIA

Vous l'observez mieux que moi, ma chère. J'ai trouvé
qu'il avait l'air absent pendant le dîner, voilà tout.

LA COMTESSE

Et vous lui tolérez des absences? Je n'ai jamais été
la maîtresse de Tigre, mais je l'eusse été que, je vous
jure bien, je ne l'eusse jamais laissé s'absenter.

HORTENSIA

Vous avez déjà vu Tigre parler dix minutes, sans
absences? Il commence une phrase, sa voix continue
exactement pareille; ce qu'il dit est quelquefois très
amusant — mais lui n'est plus là. Il n'y a qu'à répondre,
il répond à son tour comme un somnambule, un somnambule plein d'à-propos, et puis tout d'un coup,
au moment où on s'y attend le moins, il revient.

Sleep walker

LA COMTESSE

Tigre est un distrait et un instable. Sa mère était
la même, mais elle avait moins d'imagination que
lui, elle, elle sortait vraiment. Quand vous lui rendiez
visite, elle quittait douze fois son salon en dix minutes,
sous des prétextes. Une fois je l'ai observée par une
baie vitrée, elle allait simplement derrière la porte et
elle revenait. J'ai toujours toléré ces petites escapades
à Tigre. Mais il y a absence et absence. Qu'il sorte, soit,
mais je demande à savoir avec qui. Je vous dis qu'il
l'aime, Hortensia.

HORTENSIA

Tigre ne peut pas aimer!

LA COMTESSE

Je vous dis qu'il est en train de l'apprendre! Faites
ce que bon vous semble, moi je ne le tolérerai jamais.
Enfin, les choses n'allaient plus physiquement entre
vous?

HORTENSIA

Vous me gênez, Éliane.

LA COMTESSE

Ma petite Hortensia, ce n'est pas l'heure de faire
les mijaurées, toutes les deux! Nous avons à nous
défendre. Il était toujours très amoureux?

HORTENSIA

Tigre est un amant merveilleux.

LA COMTESSE

C'est ce qu'elles m'ont toutes dit. Mais enfin il y a
des degrés dans la réussite... Tigre prend feu, en un
instant, à la vue d'une taille souple. Le port d'un buste
droit sur une taille souple et de vraies hanches dessous,
il prétend que c'est le seul secret de la beauté. Je lui ai
vu suivre pendant des heures, dans les rues, des gitanes
qui sentaient la chèvre et le vieux mégot, des filles qui
déambulaient pieds nus dans la crotte ou sur des talons
de carnaval. Il prétendait que c'était des princesses,
les seules femmes qui sachent marcher. Il s'est fait
voler, je ne sais combien de montres, en essayant de
lier connaissance et j'ignore par quel miracle il ne s'est
pas fait suriner dix fois par leurs souteneurs. Tout cela
pour vous dire qu'il a le désir vif. Mais je le connais,
il n'est pas homme à vivre de considérations esthé-
tiques. Et il a trop horreur de tout ce qui n'est pas
parfaitement réussi pour ne pas exiger que ce jeu-là,
aussi, soit bien joué. Mettons cartes sur table, Hortensia. Je dois savoir si je peux compter sur vous.
C'était une réussite, entre vous, sur ce plan-là?

HORTENSIA

Chère Éliane, voulez-vous des détails?

LA COMTESSE

Merci. Cette activité de Tigre m'intéresse au même

titre que sa passion pour le polo. Mais enfin, quand il rentre de Bagatelle, je peux lui demander franchement si son cheval ne l'a pas'déçu... Pour l'amour je m'en tenais jusqu'ici aux conjectures. Aujourd'hui j'ai besoin de savoir.

HORTENSIA

Je crois que son cheval ne le déçoit pas.

LA COMTESSE

Bien. C'est important. Il n'a pas encore touché cette petite. Elle est vierge, cela se sent d'une lieue, vraisemblablement maladroite et sans dispositions spéciales. Le trouble du cœur qu'il ressent — cela ne fait pas de doute — ne risque cependant pas de s'étayer sur quelque chose de très positif. S'il fait une incursion dans l'aile gauche vous avez raison, il se peut qu'il nous en revienne subitement défrisé. Il hait maladivement tout ce qui est raté.

HORTENSIA

Éliane, c'est moi qui vous trouve sommaire à mon tour. L'amour, même borné à cela, est un jeu infiniment plus subtil que le polo. Le cœur peut très bien se mêler au plaisir des épidermes d'une façon inattendue: Je ne parle que par ouï-dire, mais j'imagine qu'un sentiment tendre pour un petit être neuf qui se donne maladroitement peut enseigner de nouvelles joies à Tigre — au-delà du désir peut-être — ou subtilement mêlées au désir.

LA COMTESSE

Je n'aime pas qu'une femme puisse comprendre trop bien ce que son amant peut ressentir avec une autre. Je vous croyais plus saine, Hortensia. Sur mon terrain à moi, où je sais que je suis restée la femme de Tigre, le terrain de l'intelligence et de notre goût

commun de la vie, je sens qu'il risque de m'échapper.
C'est assez. Je vais agir. Avec ou sans vous.

HORTENSIA

Avec moi, bien sûr! Pour qui me prenez-vous? Vous
pensez bien que je n'ai d'autre souci pour l'instant
que de reconquérir Tigre, quitte à le quitter le lendemain.

LA COMTESSE

Faites les deux ma chère, vous m'obligerez! Dans
ces intervalles entre deux maîtresses, Tigre est un mari
délicieux. Il éprouve généralement le besoin de m'emmener en voyage et de me faire une discrète cour —
toute platonique, d'ailleurs — mais je n'ai jamais été
une affamée. J'en profiterai pour quitter Villebosse
qui commence à m'ennuyer. Ce sera divin.

HORTENSIA

Ravie de participer dans la mesure de mes modestes
moyens à votre voyage de noces, Éliane! Irez-vous
en Italie?

LA COMTESSE

C'est bien surfait. Et la première fois, quand je
croyais encore à la lune, c'est là que Tigre m'a emme-
née. Cela me rappellerait des déceptions. Tigre meurt
d'envie d'aller en Chine. Lui qui bâille partout, il dit
que c'est le seul pays pour lequel il ait un peu de curiosité.

HORTENSIA

La Chine est un pays charmant! Travaillons donc
à votre voyage en Chine. Comment allons-nous nous
y prendre, Éliane?

LA COMTESSE

Chère petite Hortensia! que je vous embrasse encore!

Elle le fait.

Mais dites-moi, si vous tenez, au fond, si peu à lui, vous n'allez pas me jouer le bon tour de le laisser se coiffer de cette petite? J'ai l'impression que je me suis un peu découverte en vous parlant.

HORTENSIA, *qui l'embrasse aussi.*

Chère Éliane! Je serais, bien sûr, ravie de vous faire cette méchanceté. — Je ne vous pardonnerai jamais d'être restée l'amie de Tigre, pendant qu'il était mon amant. — Mais mon amour-propre est le plus fort, rassurez-vous. Je ne peux pas permettre qu'il me quitte pour cette petite guenon. Je veux le quitter moi-même. Je vous réserve — pour une autre occasion.

LA COMTESSE, *qui l'embrasse encore.*

Comme elle est gentille et qu'elle sent bon! C'est toujours « Plaisir d'une Nuit »? Autrefois je trouvais que cela sentait le loukoum. Je m'y fais. C'est dommage, quand je m'y serai tout à fait faite, Tigre ne l'empestera plus. Venez dans ma chambre ma chère. J'ai une idée toute simple que je vais vous dire. Cette petite bécasse doit être bourrée de complexes et de dignité blessée. Je dis qu'on m'a volé un bijou, j'exige qu'on fouille les chambres de tout le personnel — la sienne comprise. Après on retrouve le bijou n'importe où, dans le gravier d'une allée ou dans le coussin d'un fauteuil, c'est un détail. Mais cela peut suffire à la faire fuir. C'est fou, ma chère, ce que les pauvres peuvent être susceptibles!...

Elles sortent. Par une autre porte entrent le comte et Héro.

HÉRO

Répétons-nous ou ne répétons-nous pas, comme dit Villebosse? Je peux tenir dans mon gilet la durée de trois actes, pas davantage. Heureusement que les pièces classiques sont courtes. Tu nous aurais fait donner un drame de Victor Hugo, j'explosais avant la fin, répandant mon foie comme des fleurs empoisonnées sur les convives. Quelle belle sortie pour un ivrogne!

LE COMTE *s'assoit.*

Héro, cela ne m'amuse plus!

HÉRO

Tu n'aimes plus Marivaux? Bon. Tu ne vas tout de même pas nous faire changer de pièce? Moi, j'étais ravi de mon rôle. Un seigneur. Que jouez-vous, cher Héro? Un seigneur. C'est discret et mystérieux et il n'y avait pas trop de lignes à retenir.

LE COMTE

Cela ne m'amuse plus de m'amuser.

HÉRO

Tu y as mis le temps.

Il se sert et présente un verre à Tigre.

Bois donc. Il y a vingt ans que j'ai compris.

LE COMTE

Cela ne m'amuserait pas d'être ivre.

HÉRO

Crois-tu qu'on s'enivre pour s'amuser? Être ivrogne ce n'est pas une sinécure... Si tu savais l'attention et la persévérance qu'il faut! Toujours à remplir des verres et à les vider. On vous prend pour un riche oisif, en fait c'est un travail de plongeur. J'ai une idée, travaille.

LE COMTE

C'est une mauvaise habitude qu'il faut avoir prise

très jeune. Je crois d'ailleurs que cela ne m'amuserait pas.

HÉRO

Fais comme moi, fais l'amour. Change de femmes. Ce n'est pas que cela soit drôle, mais cela entretient l'espoir.

LE COMTE

Je l'ai fait. Moins que toi, mais je l'ai fait. Je vais te dire, tout bien pesé, je crois que ce n'est pas une activité pour un homme.

HÉRO

Tu deviens triste. Quel âge as-tu?

LE COMTE

Un an de plus que toi. Tu le sais depuis la sixième où je suis entré avec un an de retard. C'est à une scarlatine que nous devons notre amitié.

HÉRO

Tu n'as tout de même pas le désir inavoué de te consacrer à quelque chose d'utile?

LE COMTE

Certes non. Je sais ce que cela veut dire aussi.

HÉRO

Ni celui de te mettre à gagner de l'argent? Avec la fortune d'Éliane, ce serait d'ailleurs immoral et de mauvais goût.

LE COMTE

Je hais l'argent.

HÉRO

Pas de grands mots. Méprise-le, c'est suffisant. Il ne

te reste plus qu'une issue, deviens neurasthénique. C'est un état. Tout ce que tu diras paraîtra profond. Et surtout, tes journées te suffiront à peine pour te soigner. Les médecins ont remis au goût du jour des méthodes vieilles comme le monde. Autrefois les confessionnaux étaient inconfortables, ils te feront parler de toi tous les jours, pendant une heure, étendu sur un divan. C'est toujours passionnant de parler de soi, c'est un sujet sur lequel on est inépuisable. Cela te coûtera une fortune, et, au bout d'un an, tu apprendras que tu avais plaisir à téter ta nourrice et que tout vient, sans doute, de là... Il faudra que tu te résignes à être guéri et à trouver autre chose. Mais cela te fera toujours un an de passé.

LE COMTE

Imagine, Héro, qu'un jour tout se mette en place autour de toi. Que tout devienne simple et paisible; mais, en même temps, inaccessible.

HÉRO

J'imagine mal. Attends que je transpose... L'alcool m'est soudain recommandé par les médecins comme un élixir de longue vie, mais tous les bars que je connais sont fermés.

LE COMTE

C'est cela. Non. Il y a un bar d'ouvert, un seul. Un pauvre petit café de province où tu n'aurais jamais eu l'idée d'entrer.

HÉRO

Il n'y a pas de cafés où je n'ai jamais eu l'idée d'entrer.

LE COMTE

Tu entres tout de même, par accident ou par surprise, et le seuil passé, tu découvres que vivre c'était au fond beaucoup plus simple, beaucoup plus grave — et bien meilleur que tu ne le pensais.

HÉRO

Ces comparaisons prises dans la limonade sont obscures et d'un goût douteux. Et puis j'ai peur que cela me donne soif. Trêve de paraboles. Tu es amoureux?

LE COMTE

Oui.

HÉRO

Bon. Ce n'est pas grave. Tu me l'as déjà dit dix fois.

LE COMTE

C'est vrai. Alors, je ne suis pas amoureux.

HÉRO

Tu aimes? Tu me l'as déjà dit au moins trois fois dont deux avec des larmes.

LE COMTE

Alors c'est que cette fois je n'aime pas. Parce que cela ne ressemble à rien de ce que j'ai connu.

HÉRO *se lève, le regarde en se servant
et dit soudain, d'un autre ton.*

Tu me dégoûtes.

LE COMTE

Pourquoi?

HÉRO, *doucement.*

Je n'aime pas que tu aies ce visage-là.

LE COMTE

Je suis laid?

HÉRO

Non. Tu es beau. Tu es redevenu beau. Pas comme elles aiment toutes, comme je sais seul que tu as été. Tu as le visage que tu avais à Sainte-Barbe, avant le jour que nous avons sauté le mur à quinze ans pour aller dans une maison de femmes, tous les deux. Tu as le visage que tu avais quand nous revenions du football, l'hiver, tout rouges, crottés, suants et heureux et que nous nous moquions des filles ensemble Le visage de cette nuit dans le dortoir où nous avons juré de nous aimer toujours et où nous nous sommes tailladé le bras pour échanger notre sang, avec un petit couteau rouillé.

Il dit sourdement.

Ne me joue pas ce tour-là, Tigre, je ne te le pardonnerais pas.

LE COMTE

Nous avons mis une heure à nous entailler. Ce que nous pouvions être froussards tous les deux malgré notre noble exaltation! Mais nous l'avons fait tout de même... Tu te rappelles la formule?

HÉRO, *brutalement.*

Non!

LE COMTE

Je peux te la redire, je l'ai retrouvée par hasard, hier soir.

HÉRO

Non! Je ne veux plus le savoir. Ne me fais pas cela, Tigre. Tu vois, ma main tremble, je suis une loque, dans un an, dans deux au plus tard on me poussera dans une petite voiture ou je serai mort. Je ne supporterai pas que tu le redeviennes toi, maintenant. Ce serait trop facile.

LE COMTE

Que je redevienne qui?

HÉRO, *brutalement.*

Tu m'as compris!

Il serrait son verre dans sa main, le verre se casse.
Ils regardent le verre tous les deux dans la main de
Héro qui dit doucement.

Excuse-moi, mon vieux. J'aime casser.

LE COMTE

Tu es fou. Tu saignes. Prends mon mouchoir. Tu
as le vin lugubre, aujourd'hui.

HÉRO, *se bandant la main.*

Le vin est toujours lugubre, apprends-le.

Il lui tend un morceau de verre.

Coupe-toi aussi et jurons.

LE COMTE

Quoi?

HÉRO

Que nous sommes contents de nous tous les deux
et que nous continuerons ensemble à nous amuser
courageusement, jusqu'au bout... Si Hortensia ne te
plaît plus, prends-en une autre. Si tu manques d'argent, je t'en donnerai. Si tu veux oublier je t'apprendrai à boire. Mais amuse-toi comme moi je t'en supplie. Et ne prends plus ce visage-là.

LE COMTE

C'est le mien maintenant. Qu'y puis-je?

HÉRO

Il faut choisir, Tigre. Et nous avons choisi. C'est
trop tard.

Il a été se resservir, il ajoute d'un autre ton.

D'abord, cela me ferait de la peine mon vieux, de te voir ridicule... Et beaucoup plus de peine encore de te voir heureux de cette façon-là...

LE COMTE, *après un silence.*

Tu ne m'as pas pardonné Évangéline, n'est-ce pas?

HÉRO

Non.

LE COMTE

Ce n'était pas un mariage pour toi. Tu avais dix-neuf ans. Tu allais t'enterrer, tu...

Il s'arrête.

Je te demande pardon. Aujourd'hui, pour la première fois, je pense que j'ai peut-être eu tort de t'empêcher d'épouser cette jeune fille.

HÉRO

Ce qui est fait est fait. Et tu n'as pas eu tort. Nous nous sommes beaucoup amusés depuis, tous les deux. Pas de remords! Entre mes six enfants, ma femme et mes chiens de chasse, dans un petit château de province, j'aurais vraisemblablement fait la même fin, en moins brillant, voilà tout. On est ivrogne de père en fils chez nous, comme d'autres sont tapissiers. Mais, un conseil en vaut un autre, laisse ce qu'ils appellent l'amour, ce n'est pas pour nous.

LE COMTE

Si tu m'aimes, tu devrais me souhaiter d'être heureux.

HÉRO

Plus maintenant. Pas comme cela. D'ailleurs il ne faut pas nous faire d'illusions ni l'un ni l'autre, il y a vingt ans que nous ne nous aimons plus, depuis nos premiers pantalons longs. Cela n'empêche pas d'être bons amis.

Il le sert.

Trinquons, Tigre. Et amuse-toi comme tu voudras, tu es libre après tout. Mais pas de confidences... D'ailleurs, pas trop d'espoir, non plus. La vie se charge de mettre les choses en ordre et de les y laisser. Elle a beaucoup d'ordre, la vie.

LE COMTE

Nous verrons.

HÉRO

Nous verrons. On voit toujours. C'est cela qui est merveilleux dans la condition humaine. On crie « Eurêka » cinq minutes avant de mourir et le rideau tombe sur ce mot réconfortant.

La comtesse est entrée avec Hortensia.

Bonjour, Éliane!

LA COMTESSE

Bonjour, Héro. Tigre, je suis très ennuyée. Il faut que je vous parle. Mon émeraude a disparu.

LE COMTE

Demandez à votre femme de chambre de la chercher, ma chère. Pas à moi, j'ai horreur de cela. On se pique les doigts dans les coussins d'une bergère, on se remplit les ongles de poussière et on retrouve une vieille lettre dont la lecture est toujours désagréable − quand ce n'est pas une facture.

LA COMTESSE

On cherche depuis ce matin. Je l'avais hier. Ici même. Je l'avais laissée dans le vestibule où nous posons tous nos costumes, car je trouvais que le vert n'allait pas avec ma robe. Je suis très ennuyée. Je crains l'indélicatesse de quelqu'un.

LE COMTE

Pas de roman. Faites chercher encore dans le vestiaire.

LA COMTESSE

Bien entendu. Mais si je ne la retrouve pas je devrai avertir l'assurance. Ils enverront quelqu'un enquêter ici. Cela sera odieux.

LE COMTE

Après le Bal, ma chère, après le Bal! Vous n'allez pas me forcer à costumer vos argousins en Louis XV, dans l'espoir qu'ils passeront inaperçus. Après le Bal je vous dis.

LA COMTESSE

Je regrette, Tigre, mais l'assurance doit être prévenue dans le délai d'un jour. Je vais chercher encore. Vous venez m'aider, Héro?

HÉRO

Ravi de me rendre utile, enfin! Voilà trente-sept ans que j'attends une occasion.

LE COMTE *lui crie comme elle sort avec Héro.*

Mais pas de roman, je vous en supplie!

A Hortensia.

Ma chère, on empoisonne sa vie à avoir peur des voleurs et des naufrages et, questionnez les gens autour de vous, en fait, on n'est jamais volé, et le bateau ne coule jamais. N'avez-vous pas remarqué cette curieuse chose, la vie, la vraie vie avec meurtres, passions farouches, catastrophes ou héritages fabuleux, se passe presque exclusivement dans les journaux. C'est tout juste si, au moment des guerres, on vous demande de participer personnellement au texte des communiqués. Et encore, cela impressionne parce que cela fait beaucoup de bruit; mais, tout compte fait, je suis sûr que c'est la maladie qui tue le moins de monde.

HORTENSIA

C'est bien ennuyeux l'histoire de cette bague.

LE COMTE

C'est bien ennuyeux, mais Éliane a assez de bijoux pour en perdre un de temps à autre. Après tout, il serait immoral que ce soit toujours les mêmes femmes qui les portent.

HORTENSIA

Je suis sûre qu'Éliane prend l'aventure moins gaiement. C'était une pierre admirable. Elle a l'intention de faire fouiller les chambres de tout le personnel.

LE COMTE

Il y a vingt ans que tous ces gens sont au service de la famille. Avouez qu'ils auraient mis du temps à se décider. Sa femme de chambre est plus jeune, c'est vrai, mais c'est sa filleule; elle est née dans la cuisine, comme les petits chats. Et c'est une fille qui passe son temps à la messe. A moins que ce ne soit pour acheter des cierges, je ne vois pas en quoi ce bijou aurait pu l'intéresser.

HORTENSIA

Enfin, Éliane est décidée à faire fouiller partout. Cela me paraît d'ailleurs une précaution élémentaire. En somme qui y a-t-il ici, en dehors des domestiques... Villebosse, Héro, M. Damiens, moi...

LE COMTE *la coupe.*

Ma chère, j'ai horreur des romans policiers. Je trouve que c'est le genre le plus niais du monde. Se torturer à embrouiller artificiellement une histoire pour se donner la fausse élégance de la dénouer en trois pages à la fin, c'est une activité de plaisantin. Quand il m'arrive d'en ouvrir un, un soir de découragement, dans mon lit, je m'endors toujours avant la découverte du coupable. Et je n'ai jamais eu la curiosité de rouvrir le livre le lendemain. Il y a comme cela une quantité de crimes ténébreux dont je ne saurai jamais les auteurs. Et je m'en porte fort bien. Dans la vie non plus il ne faut pas trop chercher les coupables. C'est le jeu le plus vain du monde. Tout le monde est coupable ou personne ne l'est.

HORTENSIA

Votre goût du paradoxe risque de vous mener loin, Tigre. Je ne pense pas qu'Éliane l'ait aussi développé que vous. Ou je la connais mal, ou elle fera fouiller toutes les chambres de l'aile gauche, comme elle l'a dit.

LE COMTE, *un peu sec.*

Si Éliane fait fouiller l'aile gauche, j'exige qu'on fouille aussi l'aile droite. Je perds ma montre, ma chère, et je la cache chez vous!

Il la regarde, dur.

Vous avez trouvé cette petite fable ensemble? Mes compliments!

HORTENSIA, *soudain transparente.*

Quelle fable, Tigre?

LE COMTE *lui prend les coudes et lui dit en face.*

Ma petite Hortensia, je vous ai aimée. Le mot est

bien grand, mais il y a si peu de mots qu'il faut bien mettre plusieurs sentiments sous la même étiquette. Mes mains, en tout cas, vous ont aimée. A chacune de nos rencontres, j'ai eu une sorte de joie, très pure — oui, c'est drôle, très pure — et très proche du bonheur à vous toucher.

HORTENSIA

Merci, Tigre.

LE COMTE

Ne me remerciez pas. Vous n'y êtes pour rien. Je vais vous faire un compliment, Hortensia, le premier et le dernier sans doute — vous êtes très belle. Je ne parle pas de votre visage; il est charmant, mais je ne crois guère aux visages. Et puis, avec cette façon universelle de se farder, toutes les femmes qui ne sont pas trop laides se ressemblent, en fin de compte. Mais votre corps est très beau. Noble et beau comme celui d'une bête. Et la beauté, la vraie, c'est quelque chose de très grave. Si Dieu existe ce doit être un peu lui.

HORTENSIA

Mon Dieu!

LE COMTE

Oui, un drôle de mot dans ma bouche. J'ai conscience d'être cocasse, croyez-le bien, en le disant. Mais le souvenir du jour où je vous ai tenue pour la première fois dans mes bras est aussi clair, aussi éblouissant en moi qu'un souvenir de petit garçon : mon premier palais avec mon père en Italie. La même blessure et le même bonheur... Éliane est une femme de tête, mais je tiens l'intelligence pour peu, c'est l'arme des pauvres. Laissez l'intelligence mener son vilain petit jeu toute seule, se débattre comme une marchande. Vous, tenez-vous. Soyez digne de la beauté. C'est une grande dame.

HORTENSIA

Ce doit être un jeu nouveau, Tigre, mais vous ne m'aviez pas habituée à tant de gravité dans nos propos. Vous me faites peur.

LE COMTE *la lâche et allume un cigare.*

Moi aussi, un peu. Vous croyez que cela m'amuse de naviguer à ces profondeurs? Je ne suis pas entraîné, je m'attends à manquer d'air d'un moment à l'autre.

HORTENSIA

Tigre, cette fille est à peine jolie. Elle est fine et souple, mais elle ne sait même pas se tenir. Elle vous fera honte, dans sa petite robe d'institutrice, la première fois que vous entrerez avec elle quelque part, et si vous essayez de la déguiser, elle vous fera bien plus honte encore : je vous connais.

LE COMTE

Je suis assez bête pour avoir honte, c'est vrai. Mais cela n'a aucune importance.

HORTENSIA

Vous êtes d'une autre race, Tigre. La tête, le cœur font mille bêtises, les mains se trompent rarement. Je suis sûre que vous me désirez encore.

LE COMTE *la regarde souriant et dit doucement.*

Bien sûr, je suis capable de tout. Seulement je l'aime, voilà...

HORTENSIA

Enfin c'est ridicule, Tigre! Elle est le contraire de ce que vous pouvez aimer!

LE COMTE

Le contraire. Exactement. Et je l'aime. Croyez-vous que c'est comique?

La répétition ou l'amour puni

HORTENSIA *s'éloigne, éclatant de rire.*

Ah! c'est trop bête! C'est vraiment trop bête! Pardonnez-moi, mais je vous assure que c'est trop bête!

LE COMTE

Oui, c'est bête. Cette aventure me rend effectivement bête. Mais c'est délicieux. Je n'en pouvais plus de ne l'avoir jamais été.

MONSIEUR DAMIENS *entre.*

Monsieur le comte, Mme la comtesse, qui vient de découvrir qu'il lui manque un bijou, fait faire par son intendant et son maître d'hôtel, une fouille dans les chambres de l'aile gauche. Vous m'avez donné des assurances, tout à l'heure, sur le respect dont vous entendiez faire entourer ma filleule dans cette maison. Accepterez-vous que l'on fouille sa chambre?

LE COMTE

Certainement pas, monsieur. Suivez-moi. Nous allons mettre fin à cette mascarade.

Ils sortent. Entre Villebosse.

VILLEBOSSE

Enfin, répétons-nous ou ne répétons-nous pas? Voilà deux heures que nous sommes habillés!

HORTENSIA

Nous jouons, Villebosse. Nous sommes en plein jeu. Vous ne vous en étiez pas encore aperçu?

Elle sort.

VILLEBOSSE

Ma parole, on se moque de moi ici!

A Héro qui entre.

Monsieur!

HÉRO

Monsieur?

VILLEBOSSE

On se moque de moi dans cette maison!

HÉRO

C'est bien possible.

VILLEBOSSE

Monsieur, j'ai l'impression que vous êtes à l'origine de toutes ces manœuvres déplaisantes.

HÉRO

C'est également possible, monsieur.

VILLEBOSSE

Que diriez-vous, monsieur, si j'exigeais de vous une réparation?

HÉRO

Monsieur, j'aime casser, mais je ne répare jamais.

Il sort.

VILLEBOSSE, *le poursuivant.*

Monsieur, c'est un refus! Je vous ferai carencer, monsieur. Je vous couvrirai de honte!

LA COMTESSE *entre, hors d'elle.*

Villebosse!

VILLEBOSSE

Éliane, mon amour, vous semblez hors de vous.

LA COMTESSE

Je suis hors de moi! Tigre vient de me faire un affront insupportable. On m'a volé un bijou et comme j'avais chargé Foucault et Jasmin de fouiller les chambres de l'aile gauche, il leur a interdit l'accès de la chambre de cette fille qu'il nous impose à tous ici, depuis huit jours. Il a exigé, si l'on entrait chez elle, que l'on fouille ma chambre d'abord. Il prétend que je n'ai pas perdu ce bijou, qu'il est caché. C'est insultant! Il a été de la dernière goujaterie avec moi.

VILLEBOSSE

Je ne le tolérerai pas, Éliane! Permettez-moi d'aller le provoquer.

LA COMTESSE

Mais vous ne comprendrez donc jamais rien à rien, Villebosse? Avez-vous le dessein de m'exaspérer davantage? Il ne s'agit pas d'aller provoquer Tigre parce qu'il m'a manqué de respect. C'est son droit après tout, je suis sa femme! Il s'agit de lui faire comprendre qu'il me ridiculise à s'afficher avec cette petite institutrice de rien du tout. Enfin, Villebosse, qu'il ait des maîtresses! Hortensia est mon amie et c'est une fille comme il faut. Mais qu'ira-t-on dire si mon mari se toque d'un pou! S'il la ramène à Paris, Villebosse, je ne sortirai pas de cet hiver. Positivement, je n'oserai plus me montrer.

VILLEBOSSE

C'est inadmissible! Je vais y mettre ordre. Comptez sur moi, Éliane!

Il sort, entre Lucile.

LUCILE

Je viens vous apporter la clef de ma chambre, madame. Je veux qu'on la fouille comme les autres. Il se peut d'ailleurs qu'on y trouve ce bijou et ainsi tout le monde serait rassuré.

LA COMTESSE

Je ne sais pas ce que vous voulez dire, ma petite

fille. Ma femme de chambre cherche encore chez moi, avec mon mari. Il est possible, en effet, que j'aie rangé ce bijou autre part et que je l'aie oublié.

LUCILE

Ce serait une bonne nouvelle.

LA COMTESSE

Oui. C'est toujours désagréable, pour tout le monde, les soupçons. Je vous demande bien pardon si vous avez été blessée. C'était d'ailleurs une mesure générale qui concernait tout le personnel. Vous venez sans doute me dire que vous renoncez à jouer dans la pièce et peut-être même que vous n'allez plus pouvoir vous occuper de ces enfants? Les pauvres petits, ils s'étaient déjà attachés à vous, me dit-on. Réfléchissez encore. Je suis sûre que cela va leur fendre le cœur. En tout cas, si votre décision était inébranlable, je pense que le mieux serait de faire aussi vite, aussi brutalement que possible. Avec les enfants, je ne vous l'apprends pas, il faut toujours adopter des solutions très nettes. Ils pleureront toute une nuit et puis le lendemain ils n'y penseront plus et ils se mettront à en aimer une autre. Il y a, je crois, un train dans une heure. La voiture pourrait vous mener à la gare dès que votre valise sera faite. Bien entendu, quoique la décision vienne de vous, — je sais dans quel embarras vous êtes — je vous ferai régler six mois.

> *Le comte est entré, la comtesse se tourne vers lui très à l'aise.*

Mademoiselle nous dit qu'elle nous quitte. Je suis désolée, Tigre, pour votre représentation, mais en trois jours nous trouverons quelqu'un. Je lui disais que pour les enfants, si sa décision était prise, il valait mieux partir très vite, sans les revoir. Ils s'étaient beaucoup attachés à elle déjà, comme nous tous, mais ils risquent de manifester davantage leur chagrin.

LE COMTE

Voici votre émeraude, Éliane.

LA COMTESSE *la passe à son doigt.*

Ah! quel bonheur! Où était-elle?

LE COMTE

Dans votre chambre. Sous l'un des chandeliers.

LA COMTESSE

Vraiment? Quelle idée ai-je donc eue d'aller la cacher là?

LE COMTE

Je vais vous demander maintenant de faire des excuses à mademoiselle.

LA COMTESSE

Des excuses, mon Dieu? Pourquoi? Mais très volontiers... je suis navrée de mon étourderie, mademoiselle. J'espère que vous me la pardonnerez et que vous n'emporterez pas un trop mauvais souvenir de cette maison. Je pense que vous êtes d'accord, Tigre, pour que Foucault règle six mois à cette petite. Je sais bien que c'est un coup de tête d'elle, mais enfin, si je n'avais pas égaré ce bijou, elle n'aurait pas songé à nous quitter.

LE COMTE

Ma chère Éliane, vous savez que je n'ai pas pour habitude de laisser compromettre par des contretemps, quels qu'ils soient, une fête que j'ai décidé de donner. Nous ne pouvons ni décommander ni faire reprendre le rôle en trois jours. Je vous prie de bien vouloir faire en sorte que mademoiselle revienne sur sa décision.

LA COMTESSE

Vraiment, je lui ai tout dit, Tigre. Elle est blessée. Elle s'obstine Et je dois avouer que je la comprends.

LE COMTE

Je suis sûr que vous ne lui avez pas tout dit. J'exige cette petite réussite diplomatique de vous, Éliane, ou vous me décevrez beaucoup. Je vous laisse ensemble. Nous répéterons dans une demi-heure.

> *Il est sorti. Lucile ne dit toujours rien. La comtesse s'assoit très à l'aise.*

LA COMTESSE

Allons bon! Voilà qu'il faut que je vous convainque de rester maintenant, sous peine de me brouiller à mort avec Tigre. Avouez que cela est comique!... Mais je suis une faible, au fond, et les caprices de Tigre sont ma loi. Vous êtes bien jeune encore... Quand le moment sera venu de choisir, ne tombez surtout pas amoureuse d'un homme léger, mademoiselle.

LUCILE *demande doucement.*

Vous l'aimez?

LA COMTESSE

Quelle question, mademoiselle! C'est mon mari.

LUCILE

Pensez-vous qu'il soit tellement heureux à s'amuser toujours?

LA COMTESSE

Ma petite fille, ne comptez pas sur moi pour laisser notre entretien — puisqu'on exige que nous en ayons un — prendre ce ton-là. J'ai horreur de la familiarité et des questions personnelles. J'ai eu, toute petite, une gouvernante anglaise qui m'a appris à ne jamais en poser. Puisque c'est votre métier d'éduquer les enfants, tâchez donc de leur inculquer très vite, que rien n'est plus mal élevé. Tigre m'a priée de vous demander de rester. Je vous le demande. Il ferait une maladie s'il devait renoncer à cette représentation. D'ailleurs, pourquoi partir? Nous apprécions beaucoup vos services auprès de ces petits malheureux et nous ne prolongerons guère, d'autre part, notre séjour à Ferbroques. Tigre meurt d'ennui à la campagne. La fête donnée, nous retournerons tout de suite à Paris, pour la saison. Ainsi tout rentrera dans l'ordre, n'est-ce pas? Quittons-nous donc bonnes amies et, encore une fois, pardonnez-moi ce petit incident. Tigre serait capable de me bouder une semaine entière s'il sentait que vous m'en tenez rigueur. Nous nous connaissons peu, au fond. Mais vous savez en quelle estime je tiens M. Damiens, votre parrain. J'ai parlé de vous, avec lui, ce matin. C'est un homme qui a une très grande affection pour vous.

LUCILE

Oui. Il me le dit.

LA COMTESSE

Quelqu'un qui a beaucoup souffert aussi, je crois. Il est depuis des années séparé de sa femme, n'est-ce pas? et elle ne semble pas lui avoir apporté, au cours de leur vie commune, tout le réconfort qu'il pouvait en attendre. C'est un homme qui surprend par la sensibilité qu'il cache sous une apparence un peu austère. Il m'a très longuement parlé de vous.

LUCILE

Vraiment?

LA COMTESSE

Oui. Ma petite fille, je me suis agacée un peu vite — c'est vrai; Tigre me le répète chaque jour, les femmes sont des folles — pour un peu de sotte jalousie, elles compromettent, en une minute, tout ce que leurs vertus ont pu leur gagner d'estime en dix ans. Au fond, j'ai beaucoup de sympathie pour vous... Vous êtes si jeune après tout, si désarmée avec votre air de tout savoir. Je suis sûre que sous votre gravité de jeune quakeresse, vous êtes toute prête à vous brûler les ailes comme un petit insecte éphémère, à la première bougie venue... On se dit : comme cela sera beau! Cela ressemblera, enfin, à la vie comme je l'ai rêvée... On vit le rêve une semaine et, après, il ne vous reste plus que les yeux pour pleurer. Damiens m'a dit que vous étiez fière et pauvre. C'est une grande qualité, avec un bien grand défaut. Vous pouvez rencontrer, bien sûr, un bon garçon dans votre milieu. Mais cela ne dure pas long-temps non plus, croyez-le. Le cavalier charmant des bals champêtres, le jeune homme rougissant qui vous cueillait des fleurs à Meudon, je ne vous donne pas deux ans pour qu'il se transforme en un petit tyran maussade et pointilleux, qui ne vous comblera plus que de chaussettes à repriser et se perdra dans son journal, en manches de chemise, tous les soirs... Vous valez mieux que les travaux forcés du ménage avec un vilain moutard, qui ressemblera à son père, pendu à votre jupon. C'est une grande tentation d'être folle; d'être sage c'en est une, aussi — quelquefois aussi dangereuse que l'autre. Quand on est fine, jolie, intelligente et sans le sou, on est toujours un peu une déclassée. Il faut en prendre son parti. Damiens — qui est mon ami — et moi, nous nous faisions beaucoup de souci, pour vous, ce matin.

> *Un temps. Elle se lève. Elle a un geste négligent vers une petite table à ouvrage.*

En somme, sa femme est aux mille diables, en pro-vince, elle est malade, plus âgée que lui, elle ne vivra pas toujours. Damiens a de l'honneur et il est encore fort bel homme. Je me le rappelle, il y a quinze ou vingt ans quand il venait chez ma mère, vous le dirais-je, ma chère? — bien sûr, j'étais une gamine — mais j'ai

été amoureuse de lui tout un hiver... Enfin, pensez-y.
Je vous parle comme une femme qui a vécu, qui est de
beaucoup votre aînée et qui serait désolée — désolée
vraiment — de vous voir gâcher votre belle jeunesse
pour une folie sans lendemain. Quand on n'a pas
d'état, comme vous, et qu'on est seule au monde, il
faut penser d'abord à son avenir. Mon Dieu, je sais
que ce n'est pas drôle! — on a envie d'autre chose à
vingt ans — mais le monde est ainsi fait, ma chère, et
nous n'y pouvons rien.

> *Un temps. Elle la regarde et soudain.*

Tenez, Damiens nous a si longtemps et si fidèlement
servis — e pour moi, cela serait bien entendu, comme
si vous deveniez sa femme — cette émeraude précisément ce sera mon cadeau de mariage.

> *Elle la lui tend.*

LUCILE *la regarde un instant*
et lui rend la bague.

C'est un trop beau cadeau pour la cérémonie que
ce serait. Merci, madame.

LA COMTESSE *reprend sa bague.*

Vous avez tort. C'était de bon cœur.

LUCILE

D'ailleurs, de cette façon ou d'une autre, je sais que
je ne me marierai jamais, je l'ai juré.

LA COMTESSE

Comment peut-on savoir cela, à votre âge? Il y a
longtemps que vous avez fait ce serment téméraire?

LUCILE, *doucement.*

Hier soir.

LA COMTESSE *se lève soudain.*

Eh bien! dites à Tigre, du moins, quand vous le reverrez – que j'ai fait tout mon possible.

LUCILE

Je le lui dirai. Merci, madame.

Elle sort.
La comtesse fait quelques pas nerveux, jouant de l'éventail, comme si elle interprétait vraiment une pièce de Marivaux, puis elle ouvre la fenêtre et appelle :

LA COMTESSE

Héro! Non, pas vous, Villebosse! Héro. Montez tout de suite, je voudrais vous parler.

Un instant de silence, quelques pas nerveux encore, quelques coups d'éventail et Héro paraît.

Héro. Il faut empêcher Tigre de faire une bêtise. Il aime cette petite. Elle est sa maîtresse depuis hier, elle lui a dit qu'elle l'aimait. C'est ridicule et c'est fou. Je ne sais pas si vous l'observez depuis huit jours?...

HÉRO, *impénétrable, son verre à la main.*

Je l'observe.

LA COMTESSE

C'est répugnant.

HÉRO

Répugnant. Je le lui ai dit.

LA COMTESSE

Vous êtes avec moi, Héro? Faites quelque chose. Vous seul pouvez faire quelque chose, j'en suis sûre.

HÉRO

Sur lui? Tigre est d'une gentillesse inaccessible ..

LA COMTESSE

Sur elle, peut-être.

HÉRO *déclame.*

« Et que m'ordonnez-vous seigneur, présentement?
De plaire à cette femme et d'être son amant! »

LA COMTESSE

Vous le pouvez, Héro, si vous le voulez. Cette petite
est une folle, une romanesque, une midinette, si
ce n'est pis. Tout Paris sait que vous êtes irrésistible.
Séduisez-la. Tant pis si nous jouons *Ruy Blas!* Après
tout, à quinze ans, nous aimions cela.

HÉRO

Il n'y a qu'un obstacle. Cette jeune fille ne fait pas
partie du Tout-Paris. Elle ne sait pas que je suis irrésistible. Cela m'enlève la moitié de mes chances.

LA COMTESSE

Sornettes! Dans deux jours, Tigre ou vous, tout
s'embrouillera dans sa tête. Elle crèvera de vanité,
tout comme une autre, que les deux hommes les plus
brillants de ce château ne s'occupent que d'elle. Je
les connais ces sainte-Nitouche! J'étais comme cela
avant que Tigre m'épouse. Les femmes sont des
femmes, mon cher, toujours, même quand elles se
donnent les gants d'être des anges. Je n'ai pas à vous
dire comment vous y prendre mon petit Héro. Faites-la
boire un soir, jurez-lui que vous l'aimez. Avec un peu
de lune et de musique, cette bécasse le croira. Assez du
moins pour vous céder ce soir-là. Après, Tigre s'en
détachera ou s'il accepte le partage, il n'y aura plus
vraiment aucun danger.

HÉRO

Vous me faites beaucoup d'honneur, Éliane, d'être

aussi sûre qu'on ne me résiste pas. Je vous dirais oui, pour n'importe quelle femme, même ne faisant pas partie du Tout-Paris (après tout je suis un professionnel!), pour une jeune fille, non. Ce sont des animaux bien étranges et j'en ai fort peu approché.

LA COMTESSE

Mais je vous dis que ce n'est plus une jeune fille! Elle est sa maîtresse.

HÉRO

Depuis hier. Elle gardera cet état de grâce encore quelque temps.

LA COMTESSE

Alors vous allez laisser Tigre s'en toquer tout à fait? S'abîmer dans le ridicule? Il l'aime, Héro, il l'aime, j'en suis sûre. Cela vous est égal à vous qu'il l'aime comme un petit garçon?

HÉRO, *dur soudain.*

Vous vous trompez. Cela ne m'est pas égal.

LA COMTESSE

Vous avez peur de lui faire de la peine? De briser leur cœur peut-être à tous les deux?

HÉRO

Non plus. Je vous l'ai dit : j'aime casser.

Un silence.

LA COMTESSE *se rapproche.*

Héro, elle couche seule, au bout de l'aile gauche. C'est peut-être incertain de la séduire, admettons qu'elle l'aime vraiment. Et Tigre peut intervenir et l'emmener, s'il l'aime aussi. Mais nous savons tous

que vous êtes une brute. Vous la désirez comme un fou,
cette fille... Vous avez bu, comme tous les soirs. Vous
forcez sa porte. Sa serrure — j'ai un ouvrier de
confiance — ne fonctionnera pas ce soir-là. Elle criera
bien sûr, mais elle est au bout du monde là-bas — et
puis, que peut une petite fille avec ses griffes, ses
coups de poing maladroits et ses larmes, contre le
désir d'un homme? Si elle l'aime, elle fuira de honte,
le lendemain.

HÉRO *dit doucement.*

Évangéline.

LA COMTESSE

Qu'est-ce que vous dites?

HÉRO

Le nom d'une jeune fille. Mme Blumenstein. Vous
avez dû la rencontrer. Elle a épousé un banquier juif.
Elle était très belle. Elle n'a pas été très heureuse en
ménage et elle est morte, il y a quelques années.

LA COMTESSE

Une mince jeune femme blonde avec deux grands
yeux ravissants? L'air d'une biche sacrifiée? Je me la
rappelle très bien. On me l'a présentée chez les Roth-
schild. Mais quel rapport?

HÉRO

Un très vague et très lointain rapport. Je suis heureux
que vous vous souveniez d'elle... Allons répéter maintenant, Éliane, on nous attend, et il faut tout de même
que cette pièce soit bien jouée, quoi qu'il arrive. Comme
toutes les choses qui n'ont aucune importance, cela en
a beaucoup. Son mari était un mufle. On a même dit
qu'il la battait...

LA COMTESSE, *sortant.*

J'ai une idée, je vais faire envoyer un télégramme à Tigre, l'appeler au-dehors ce soir... Gontaut-Biron me rendra ce service...

Ils sont sortis, le rideau tombe.

QUATRIÈME ACTE

Une petite chambre mansardée[1].
*Devant un maigre feu de cheminée, Lucile, accroupie
dans sa belle robe, rêve, vaguement éclairée par les
flammes. La porte s'entrouvre doucement. Elle lève les
yeux, étonnée. C'est Héro encore en costume, le jabot un
peu défait, une bouteille et deux verres dans les bras.*

HÉRO *sourit.*

N'ayez pas peur. Tigre vient de téléphoner qu'il ne
pourra rentrer que très tard cette nuit. Il m'envoie
vous le dire et vous tenir un peu compagnie.

Lucile s'est levée, surprise. Il entre.

On peut s'asseoir?

LUCILE *lui désigne l'unique chaise.*

Oui.

1. A la représentation à Paris, cet acte se passe dans le
salon, où Lucile tard dans la nuit attend le comte, accroupie
devant le feu qui s'éteint. La pièce y gagne une certaine unité.
On trouvera très facilement les quelques coupures qui
adaptent la scène à ce décor. On pourra même en faire
d'autres, il est trop long. Tout le monde dit d'ailleurs que
cet acte est mauvais et qu'il n'a pas le ton des autres. Une
troupe, un jour, pourrait essayer de ne pas le jouer. Peut-
être que la pièce n'y perdrait rien, au contraire.

HÉRO *la prend.*

C'est curieux, il y a tant de fauteuils inutiles dans ce château... On n'a pas dû prévoir les visites dans l'aile gauche. Vous vous mettrez sur le lit, mon ange, vous serez mieux... Un petit verre avec moi?

LUCILE

Non.

HÉRO

Vous avez tort. Vous permettez tout de même que je me serve? Au point où j'en suis, il me serait imprudent d'arrêter. Je serais ivre tout d'un coup et je me conduirais mal. En buvant encore un peu je recule l'échéance... Cela ne vous ennuie pas que je bavarde un moment avec vous? Quand les autres s'endorment, moi je commence seulement ma longue lutte solitaire jusqu'au petit matin, où je le ferme enfin, l'œil! Sacré œil! Il est là, bien ouvert, il regarde. Tout l'embête, mais il veut regarder quand même, le petit obstiné! Même si je crève d'envie de dormir, moi, même si j'en ai trop vu depuis la veille. Le jour, je tiens. Je bois un peu, et je parle, je dis n'importe quoi, mais cela fait un bruit qui m'empêche de penser. Mais quand vous êtes tous montés vous coucher, je me mets à penser et c'est abominable. Est-ce que vous voulez bien m'empêcher de penser un moment? C'est d'ailleurs un ordre de Tigre. Il m'a dit : « Monte lui dire que je ne rentrerai pas et tiens-lui compagnie un moment. »

Un silence. Il ajoute, souriant.

Il avait dû espérer que vous me répondriez de temps en temps.

LUCILE

Que voulez-vous que je vous dise?

HÉRO

Je ne sais pas moi. Quelque chose de gentil. Que

vous vous êtes trompée, que ce n'est pas Tigre que vous aimez, que c'est moi...

> *Lucile ne répond pas, souriante, pelotonnée sur le lit.*

Alors, dites-moi que vous aimez Tigre... Cela me fera moins de plaisir bien sûr, mais cela sera tout de même mieux que rien.

LUCILE

Je ne peux pas croire qu'il ait souhaité que nous parlions de cela tous les deux. Je ne peux pas croire qu'il vous ait parlé de moi.

HÉRO

Ah! mon enfant! Vous ne connaissez pas les hommes. Des commères : on se dit tout.

LUCILE

Vous l'aimez?

HÉRO

Nous lancions déjà des boules puantes aux filles tous les deux quand vous ne songiez pas encore à venir au monde, cher bébé. Nous avons même mélangé notre sang, en cinquième, une nuit, dans le dortoir. A la vie, à la mort! L'occasion de mourir l'un pour l'autre ne s'est pas présentée tout de suite, voilà tout... Et depuis nous avons vécu... Vous savez Castor et Pollux, c'est une fable... En tout cas, nous nous aimions bien et il n'y a pas eu une histoire de femme dans notre vie qui ait réussi à nous séparer.

> LUCILE *demande, comme une petite fille.*

Et il a eu beaucoup de femmes, lui?

> HÉRO *sourit.*

Cher bébé! Il vous adore, c'est entendu et il a

découvert avec vous quelque chose qu'il ignorait
complètement; mais avouez qu'il eût été imprudent
de sa part et incertain de vous attendre... Cela vous
fait beaucoup de peine qu'il ait vécu?

LUCILE

C'est mon secret.

HÉRO

Gardez-le, mon ange, avec votre petit mouchoir
par-dessus! Je m'intéresse assez peu, personnellement,
aux confidences. C'est toujours à peu près la même
chose et cela ne soulage que celui qui les fait. Vous
êtes jeune, vous débarquez au pays de l'amour; vous
devez avoir l'impression d'être une exploratrice, de
découvrir des continents... Ne protestez pas, c'est très
gentil... Vous apprendrez bien assez vite que la pièce
ne comporte que deux ou trois rôles, deux ou trois
situations toujours les mêmes — et que, ce qui jaillit
irrésistiblement du cœur dans les plus grands moments
d'extase, ce n'est jamais qu'un vieux texte éculé, rabâ-
ché depuis l'aube du monde, par des bouches aujour-
d'hui sans dents. On n'invente guère. Jusqu'aux vices
qui sont d'une banalité, d'une précision désespérantes!
Un vrai catalogue, avec les prix courants dans la
colonne de droite. Car tout se paie bien entendu. Sodo-
mie : solitude et ulcère indiscret; éthylisme : ascite
et cirrhose; passion : fatigue; tendre amour : cher
petit cœur brisé. On n'y coupe pas!

LUCILE, *gentiment, bien en face.*

C'est depuis hier que j'aime Tigre et j'ai vingt ans.
Alors votre petit discours avec moi, c'est du temps
perdu.

HÉRO *s'incline.*

Touché! Compliments. Je vois que vous avez oublié
d'être sotte Vous n'aviez qu'une chose à répondre

à mon désenchantement d'ivrogne et vous l'avez tout
de suite trouvée. Quel chançard ce Tigre! Il aura réussi
cela aussi. Il réussit tout, que ce soit au Concours
Hippique ou en amour.

LUCILE

Et qu'est-ce qu'il a réussi?

HÉRO

De vous trouver. De vous toucher. Je dois avouer
que, lorsque je suis entré dans cette chambre tout
à l'heure je vous prenais encore, comme tout le monde
dans ce château, pour une petite midinette en rupture
de courrier du cœur. Je me suis fait moucher. C'est
bien. Cela m'apprendra à regarder un peu plus atten-
tivement les jeunes filles, dorénavant. Nous pouvons
traiter de puissance à puissance maintenant et bavar-
der comme de vrais amis! Vous savez que c'est genial,
en plus, de vous être arrangée pour vous faire prendre
par tout le monde pour un petit cafard insignifiant?

LUCILE

Je suis un petit cafard insignifiant et qui ne sait pas
dire trois mots. Je me demande bien comment il s'y
est pris, lui, pour me découvrir sous ma carapace et
pour me faire parler

HÉRO

Tigre a tous les talents! Et je parie que vous étiez
vierge comme pas une, que vous ne vous étiez jamais
laissé toucher avant?

Lucile ne répond pas.

Allons bon. Je la blesse! On est entre amis ou on
ne l'est pas? Buvez donc un verre avec moi. S'il n'y
a que moi qui bois, nous n'arriverons jamais à nous
parler.

LUCILE

Non merci, monsieur.

HÉRO *répète, riant.*

Non merci, monsieur! Et bien polie, avec ça! Bien nette, bien propre. Un beau petit caillou tout luisant que monsieur a trouvé sur la plage; sans même chercher, en se baladant les mains dans les poches et le nez en l'air comme toujours. Je vous dis qu'il a trop de chance, c'est agaçant!

Son ton a un peu surpris Lucile, il rectifie.

Positivement : si je ne l'aimais pas tendrement comme je l'aime, cela m'agacerait. Mais il se trouve que je l'aime, pas de la même façon que vous, mais beaucoup tout de même, alors je lui pardonne tout. Parlons de lui! Cela va être bon et peut-être que je dormirai tout à l'heure... Un petit verre tout de même? Non? Tant pis. On n'a pas souvent l'occasion d'être deux à parler d'un troisième qu'on aime, en trinquant. Cela fait beaucoup d'amour pour ce bas monde! Comment avez-vous pu vous donner à lui tout de suite .omme cela pour la première fois? Après tout, vous ne le connaissiez pas hier?

Lucile ne répond pas.

Je ne suis pas un voleur de secrets, mais, tout de même, c'est si joli tout d'un coup; cela ressemble si peu à ce que j'ai connu, que cela serait capable de me convertir. Non? Vous ne voulez rien me dire? Je ne saurai jamais, même par ouï-dire, comment cela se déclenche l'amour?

LUCILE, *tout doucement, comme pour elle,*
après un temps.

Je n'avais jamais su supporter qu'on me touche Et quand il m'a prise dans ses bras, j'ai senti que j'étais enfin arrivée quelque part... Voilà tout. Je n'étais plus cette pauvre fille éternellement ballottée avec sa valise et ayant peur de tout.. Une propriétaire en quelque sorte, moi aussi... Que vouliez-vous que j'attende d'autre? C'était un placement inespéré!

HÉRO

Et s'il avait seulement voulu s'amuser de vous?

LUCILE

C'est le risque des filles. Elles n'ont qu'à savoir. Il ne faut pas trop s'attendrir non plus sur les idiotes.

HÉRO

Mais tout de même, je le connais l'animal, quand il veut se faire aimer, avouez qu'il en a presque trop fait pour se rendre intéressant?

LUCILE *sourit, complice*
pour la première fois avec lui.

Un peu trop, oui. Mais je transposais.

HÉRO

Qu'avez-vous donc pu espérer à première vue de ce plaisantin, de ce saltimbanque distingué?

LUCILE

Rien que d'être bien une minute dans ses bras comme je l'ai été tout de suite...

HÉRO

Et après?

LUCILE

Après, s'il faut vivre l'autre vie, la vraie, celle qu'on doit tout simplement gagner... Eh bien il ne manque pas d'orphelins dans le monde et on a toujours besoin d'une fille pour s'occuper d'eux. Cela ne fait rien. J'aurai eu ma part.

HÉRO *lève les bras.*

Même pas collante! Sacré Tigre, il aura coupé à tout ce qui est un peu vulgaire sur cette terre. Arrivé au milieu d'une vie de fêtes : fatigue, inutilité, vague à l'âme. Monsieur lève un doigt. Paraît un ange, un ange qui se donne à lui tout de suite et pour toujours. Car vous, c'est pour toujours, n'est-ce pas?

LUCILE

Bien sûr.

HÉRO

Et s'il se tue cette nuit en rentrant en automobile, vous mourrez dans la journée de demain. Juste le temps de faire vos petits paquets? Daphnis et Chloé, Énée et Didon, Cadmus et Hermione, que sais-je? Tristan et Yseult sans même le roi Marc et l'épée gênante entre vous. Monsieur se sent un jour porté à l'idylle. L'idylle? Mais la voilà, Monsieur le comte, sur un plateau! Elle est à vous. Il suffisait d'en formuler le désir. Une jeune fille secrète, invisible, intouchable, soigneusement gardée pour vous? Elle est là. Elle vous attendait.

LUCILE

C'est vrai. Je l'attendais..

HÉRO

Il n'avait plus qu'à paraître! Et c'est garanti sans taches et éternel! Que d'autres se contentent de ces femmes qui se prêtent à tout le monde dans la journée avant de se donner à vous le soir, de ces femmes qui sourient éternellement à la vitrine comme des mannequins de coiffeur, qui passent leur vie à faire plaisir... Car je suis sûr que vous n'apprendrez jamais, que vous serez toujours aussi désagréable, même quand il vous aura acheté des robes et que tout le monde vous dira que vous êtes jolie.

LUCILE

Il ne m'achètera jamais de robes, n'y comptez pas.

HÉRO

Pourquoi?

LUCILE

Parce que je n'en veux pas. J'ai pris la bonne habitude de m'en acheter une de temps en temps toute seule, je veux la garder.

HÉRO

Tout! tout! Il aura tout! Le désintéressement en prime, l'intelligence et la sagesse. Vous êtes riche; je suis pauvre et fière. Votre argent peut nous jouer un vilain tour. Je le supprime d'un geste. Il ne compte pas. Monsieur n'aura même pas à être gêné. Je parie que vous exigerez aussi de continuer à garder, bien sagement, les douze orphelins de la tante et de vous contenter de lui entrebâiller la porte de votre mansarde le soir?

LUCILE

Non, tout de même. Mais je chercherai une autre maison d'enfants pas loin de Paris et il viendra me voir quand il voudra.

HÉRO

Ce sera trop gentil! Il vous demandera bien poliment au parloir et vous tremblerez tous les deux que la directrice ne vous fasse des réflexions. Il rougira comme un petit jeune homme. Il va tout s'offrir une seconde fois! Mais il y a une ombre; vous ne connaissez pas monsieur, il va rugir comme un lion. C'est du bon gentilhomme français, bien élevé, depuis des siècles. Il n'acceptera jamais de vous laisser travailler.

LUCILE

Il faudra bien. On ne vous a donc jamais appris à tous les deux, quand vous étiez petits, qu'il fallait que chacun gagne son pain à la sueur de son front?

HÉRO

Non. Nous avons été dans des écoles très distinguées, où cela ne faisait pas partie du programme... Qu'on vous commande, qu'on vous parle mal, qu'on vous oblige à arriver à l'heure, mais monsieur en mourra de honte ma bonne, tout simplement! Je le connais!

LUCILE

On ne meurt pas si facilement de honte, croyez-m'en. Et puis ce n'est pas ennuyeux de travailler, pas beaucoup plus que de ne rien faire. En tout cas cela demande beaucoup moins d'imagination. Quand on voit tout le mal que vous vous donnez pour tuer le temps tous les deux!

HÉRO

C'est vrai. Nous avons durement sué toute notre vie... Il nous en a fallu du cran et de l'ambition! Regardez les pauvres, leur dimanche, ce qu'ils en font. Ils traînent les rues, ils bâillent, ils n'en peuvent plus d'essayer d'atteindre le lundi. Nous, nous en avons eu sept par semaine, des dimanches, depuis que nous sommes tout petits! Oh, nous n'avons pas été gâtés! Mais nous avons tenu bon. Maintenant, le plus dur est passé. Tigre est un homme qui arrive à s'amuser douze à quinze heures par jour sans fatigue... Laissez-vous donc faire. Il vous apprendra.

LUCILE

Non.

HÉRO

Mais si vous passez votre vie dans une maison d'enfants et lui aux courses, cela sera comme la femme de journée qui avait épousé un veilleur de nuit. Vous n'arriverez jamais à vous rencontrer. Il faut être raisonnable aussi, que diable!

LUCILE

Je ne veux pas être raisonnable. C'est le premier mot qu'on emploie quand on va faire quelque chose de vilain.

HÉRO

Quelque chose de vilain! Quelque chose de « vilain »! C'est un terme dont personne ne connaît exactement la définition. En tout cas il y a plus grave, ma petite fille, c'est de faire quelque chose de bête.

LUCILE

Je veux être bête! C'est ma façon de l'aimer à moi. Vous me voyez l'attendant dans un bel appartement où il m'aurait installée et lui, venant me voir, avec un petit paquet, tenu au bout d'une faveur?... Je le détesterais au bout de huit jours! C'est cela qui serait bête!

HÉRO

Petit Chinois!

LUCILE

Pourquoi petit Chinois?

HÉRO

Parce que vous savez tout. Vous allez lui éviter un horrible faux pas à ce balourd. Et il va accepter bien sûr, l'hypocrite! Trop heureux de jouer le petit jeu! Il va se faire faire un costume de bon petit jeune homme à la Samaritaine et venir vous attendre à la sortie de votre bureau à six heures avec un bouquet de violettes de deux sous. Il va avoir vingt ans comme un rien et toute la candeur, tout l'avenir devant lui! S'offrir cela à quarante quand on commence à avoir assez bu!

Il s'est levé, il crie

Ah! non! c'est trop! Je vous dis que c'est trop!

LUCILE

Mais qu'est-ce que vous avez?

HÉRO *se ressaisit, il explique calmé avec un sourire méchant.*

Je veux dire que c'est trop beau, tout simplement. C'est un vrai conte de fées.

Un silence : ils se regardent.

LUCILE *s'est levée.*

Monsieur, nous avons bavardé un moment comme il le désirait. Vous feriez peut-être mieux de me laisser me coucher maintenant. Je dois me lever tôt demain pour les enfants.

HÉRO *reste assis.*

Nous n'avons pas bavardé cinq minutes, asseyez-vous donc, mon petit, donnez-moi encore un petit délai. De toute façon je vous assure que je dormirai moins que vous. Vous voyez bien que je m'accroche et que je meurs d'angoisse de me retrouver seul. Ne seriez-vous pas charitable, mademoiselle?

Lucile se rassied sur le bord du lit, il se verse un verre.

D'ailleurs, je ne suis pas compromettant. Une jeune fille peut sans danger me tolérer assez tard dans la nuit, dans sa chambre. Pas très ragoûtant non plus, j'en conviens. Une loque. Et j'ai un an de moins que Tigre. C'est ce qu'on appelle une vie de plaisirs...

LUCILE, *doucement.*

Pourquoi n'essayez-vous pas de boire moins?

HÉRO

Pourquoi l'essayerais-je? Il faudrait que je rencontre un ange comme monsieur qui me mette l'aile sous le bras. Les anges sont rares.

LUCILE, *doucement.*

Vous le rencontrerez peut-être...

HÉRO *ricane.*

Ce verre à la main? Avec ma gueule d'ivrogne, mon odeur? En qualité d'ange, avouez que si c'était moi qui vous avais fait la cour, vous auriez probablement remis ma conversion à une date ultérieure?

Il la regarde en souriant.

Encore une question indiscrète! Je suis un peu lourd décidément. Mais pourtant... Quand vous avez débarqué dans ce château il y a quelques jours, le premier soir à table, si j'excepte Villebosse qui compte pour du beurre, tous les hommes présents n'ont regardé que vous. Cela veut dire quelque chose tout de même.

LUCILE *demande, un peu étonnée.*

Tous les hommes?

HÉRO

Comme elle est gentille! Elle ne s'en est même pas aperçue. Oui, ma chère, nous étions trois – le maître d'hôtel est trop vieux, mais le valet de chambre de Tigre en mélangeait les fourchettes en servant. C'est un garçon qui brûlait également d'être converti. Cela crevait les yeux.

LUCILE

Taisez-vous, maintenant.

HÉRO

Pourquoi? Je vous blesse? Auriez-vous des idées

arrêtées sur les castes, mon cœur? Ce garçon couche aussi dans l'aile gauche, — à votre place je verrouillerais ma porte le soir. — C'est entendu, c'est le fils du premier valet de pied du grand-père, mais tout de même il était parachutiste pendant la guerre et c'est une aventure qui a beaucoup dégourdi ces gens-là. Qu'auriez-vous fait? si c'était lui — ou moi — au lieu de Tigre qui vous avait dit : Vous me plaisez?

LUCILE *lui répond, lumineuse.*

Mais lui, je l'aime, monsieur.

HÉRO, *après un temps.*

Vous avez des réponses désarmantes. Que voulez-vous que j'ajoute?

LUCILE, *gentiment.*

Rien.

HÉRO

On ne peut pas s'amuser avec vous. Jouons le jeu une minute pour rire, pour tuer ce soir qui me fait peur. Tigre ne vous a pas parlé; vous n'aimez pas Tigre. Voilà huit jours que je vous regarde en silence à table et ce soir je suis monté sous un prétexte dans votre chambre pour vous dire, comme lui, que j'ai très envie de vous.

Il s'est levé lourdement en parlant. Lucile s'est levée aussi.

LUCILE

C'est un jeu que je ne veux pas jouer. Il serait laid. Comment pouvez-vous ne pas le comprendre? Vous êtes son ami; s'il apprenait que vous vous amusez ainsi ce soir, que penserait-il?

HÉRO

Vous pensez bien que nous nous sommes déjà soufflé

quelques maîtresses, tous les deux, comme tous les bons amis. Et puis, cela ne serait jamais qu'une revanche... Il y a eu un ange dans ma vie, mademoiselle, je mentais; il y a bien longtemps. J'avais dix-neuf ans et j'avais encore très peu bu.

LUCILE *balbutie*.

Et il vous a...

HÉRO

Non. Il ne me l'a pas prise. Mais il me l'a fait quitter pour des prétextes que j'ai crus valables à l'époque. Elle a épousé un autre homme qui l'a rendue malheureuse et elle est morte maintenant. C'est à cet insignifiant épisode, de courtes fiançailles rompues, que je dois d'être ce que je suis.

LUCILE, *doucement*.

C'est affreux...

HÉRO, *froid*.

Oui. C'est affreux comme vous dites. Mais Tigre me doit une jeune fille maintenant, en échange. Et c'est pour cela que je suis dans votre chambre ce soir.

LUCILE *recule, pâle*.

Sortez ou je vais appeler.

HÉRO

Il n'y a personne encore à l'étage et d'ailleurs si c'est cela qui vous fait peur, rassurez-vous. Je ne vous toucherai pas. Je veux seulement vous parler.

> *Ils se regardent, debout l'un en face de l'autre. Lucile crie soudain.*

LUCILE

Je l'aime. Je ne vous écouterai pas!

HÉRO, *doucement.*

Si, mon cœur.

LUCILE

Je me boucherai les oreilles!

HÉRO

Je crierai assez fort pour que vous m'entendiez.
Et d'ailleurs vous desserrerez vos mains de vous-même
pour m'entendre. C'est trop bon les mots qui vous
condamnent; on n'y résiste pas.

LUCILE

Cela ne m'intéresse pas, vos complications de
névrosé et d'ivrogne! Je suis jeune, je suis saine et je
l'aime. Depuis huit jours je me débats et j'ai réussi
à vaincre toute seule tout ce qui nous sépare. Vous
perdez votre temps et vous aurez honte demain de
cette vilaine scène. Rentrez chez vous.

HÉRO, *doucement.*

Je n'ai jamais honte, ma chère...

LUCILE

Êtes-vous à ce point l'ami de sa femme? Et d'ailleurs, vous savez bien qu'elle ne l'aime pas! Alors,
qu'est-ce que cela peut bien vous faire, que nous nous
aimions? Je ne lui demande pas de m'épouser, même
pas de se charger de moi — je serai invisible, je travaillerai, il pourra continuer à mener sa même vie
dans son monde, si c'est cela qui vous fait peur à tous.
Je demande seulement qu'on ne nous empêche pas
de nous aimer.

HÉRO *ricane.*

Sa vie, son monde? Vous me prenez pour le père
Duval avec son haut-de-forme, ma petite fille, dans

« La Dame aux Camélias ». Vous pensez bien que cela m'est tout à fait égal à moi.

LUCILE

Alors pourquoi vous acharner depuis que vous êtes entré dans cette chambre? Vous croyez que je n'ai pas compris ce qu'il y avait sous chacun de vos mots, même quand vous faisiez semblant de l'aimer et de vous attendrir sur moi? Pourquoi vous donner tant de mal pour essayer de compromettre quelque chose qui est peut-être vrai et bon et qui ne demande qu'à vivre? Parce que vous le haïssez?

HÉRO

Même pas.

LUCILE

Pourquoi alors?

HÉRO, *dans un murmure.*

J'aime casser.

Elle le regarde, toute droite et claire. Il essaie de soutenir son regard un long moment, puis soudain, il se verse un verre nerveusement et le vide d'un trait.

LUCILE, *doucement.*

Pauvre Héro Pauvre petit monstre. Vous ne me faites plus peur maintenant. Comme vous devez être malheureux avec ce poids sur votre dos

HÉRO *hurle soudain.*

C'est mon affaire, Mademoiselle, si je suis malheureux! Veuillez vous occuper de ce qui vous regarde!

LUCILE

Cela me regarde. Vous essayez de me faire du mal en ce moment. Et j'ai seulement pitié de vous

HÉRO *crie, révulsé.*

Je vous défends d'avoir pitié! Pauvre petite institutrice de rien du tout! Pauvre petite larve bien-pensante; avec son sang de navet, ses petites mains et ses petits pieds bien propres, dans sa robe de quatre sous. Pauvre petite musaraigne à principes, à bons sentiments et à économies! Vous êtes ce que je hais le plus au monde! Ce que je trouve de plus niais et de plus bête. J'aime mieux une putain avec son ventre offert entre ses jambes, j'aime mieux une garce qui se fait payer à chaque fois et qui vous trompe tout de même; j'aime mieux une vicieuse qui se fourre de la poudre dans le nez, une clocharde cuvant son vin rouge sous un pont, dans sa crasse. Je vous hais! Et je vous défends de me regarder comme ça!

> *Il se verse encore un verre hâtivement et le vide d'un trait. Il se rapproche, dissimulant mal sa joie méchante.*

Vous savez où est Tigre ce soir en fin de compte? Vous savez ce qu'il y avait sur ce télégramme qui l'a appelé brusquement? Vous savez de quelle commission il m'a chargé pour vous?

LUCILE *recule et crie.*

Ce n'est pas vrai!

HÉRO

Qu'est-ce qui n'est pas vrai, petite dinde? Je n'ai encore rien dit.

> *Il la regarde narquois.*

Même pas de courage alors? Vous devez crier comme cela chez le dentiste, je vous vois, avant même qu'il ait pris ses instruments. Cela vous toise de haut, cela vous joue les Jeanne d'Arc, Antigone et *tutti quanti* tout ce que cela a lu dans ses bons petits livres à l'école, et puis quand le moment est venu, le petit mouchoir, les petits cris, les petites larmes comme les autres. Cela ne sait même pas se tenir. Et cela veut se permettre de vous juger, d'avoir pitié de vous!

LUCILE

Vous êtes un monstre.

HÉRO

Qu'est-ce que je vous disais? Soyez délicat. Prenez des formes. Ingéniez-vous à les mettre en confiance avant de leur porter le coup fatal. Tuez-vous à leur dire qu'elles sont gentilles tout de même, désirables et que vous êtes tout prêt à les consoler, vous ou le valet de chambre... Voilà comment elles vous récompensent.

Il crie soudain.

Allons, la petite crise de nerfs, la petite crise de nerfs, vite! Je ne parlerai que lorsque vous aurez fini.

LUCILE *se raidit.*

Je ne pleurerai pas.

HÉRO

Bon. Le mépris. J'aime mieux cela. J'ai horreur des larmes. C'est dégoûtant.

Il se rapproche.

C'est vrai que vous êtes très belle en ce moment, toute dure, toute crispée. Une petite bête forcée dans un coin par les chiens et qui fait face, adossée au mur. Il faut être idiot comme ces deux pauvres perruches pour ne pas vouloir en convenir. Le petit poison du château, la petite intruse qu'il faut mettre à la porte. La petite empêcheuse de danser en rond!

LUCILE *crie.*

Mais parlez donc enfin!

HÉRO *sourit.*

Vous voyez qu'il vous tarde maintenant? Nous avons le temps... Nous sommes seuls à l'étage, le maître d'hôtel se saoule avec la cuisinière à l'office et j'ai envoyé le parachutiste en faire autant au village voisin. Et les autres sont enfermés dans leurs chambres, là-bas dans l'autre aile, se demandant ce que tout cela va donner. Je les vois se retourner dans leur lit. M. Damiens noir et velu comme un gros corbeau qui a perdu son fromage, Hortensia et la comtesse dans leurs dentelles avec leurs romans policiers et leurs cachets pour dormir à portée de la main... Mais le sommeil ne veut pas venir! Il y a cette petite intrigante qui mijote Dieu sait quoi, contre le repos des familles et des liaisons honorables là-haut, dans sa mansarde tout au bout de l'aile gauche... Va-t-on enfin pouvoir nous en débarrasser?

Il fait un pas.

Tigre, ma chère, s'est aperçu, trop tard, qu'il avait fait une bêtise. Une bêtise grosse comme lui. S'il m'avait demandé conseil avant, je lui aurais dit de vous éviter cette peine. Vous étiez vierge, c'était votre petit capital, il n'aurait pas dû y toucher. Et puis vous avez de la qualité... Qu'on fasse cela avec une petite chambrière, passe : si ce n'est pas vous, un jour ou l'autre c'est le garçon d'étage qui se l'offrira. Vous valez mieux, je le reconnais... Mais ne lui en veuillez pas trop tout de même; il n'est pas méchant. C'est un tendre, un tendre incurable et il se monte un peu vite la tête, voilà tout. Et puis enfin, il a des excuses... C'est si gentil un petit être neuf qui se blottit dans vos bras et qui vous dit qu'il vous aime, qu'il est à vous pour toujours. Toujours : c'est cette nuit, c'est tout de suite. C'est ce plaisir nouveau qu'on ne connaissait pas. Il faudrait vraiment être un sage pour desserrer ses bras, dire non! Et puis, vous l'avez dit tout à l'heure, c'est le risque des filles. Après tout, si elles veulent bien... L'ennui, c'est que le lendemain la petite vous aime encore. Toujours, pour elle, cela ne fait que commencer avec le petit déjeuner. C'est qu'il va falloir s'occuper d'elle maintenant! Et elle est en confiance tout de suite, la petite chérie, la tête sur votre épaule, elle se met déjà à vous parler de sa vieille maman qui est si seule et avec qui il faudra être bien gentil, des petits plats qu'elle sait si bien faire, du prénom qu'aura son bébé. Ce n'est plus le plaisir rare, la petite biche sacrifiée de la veille : c'est le caca des familles qu'on a tout d'un coup sur son dos. On se voit déjà poussant la petite voiture... Je transpose bien entendu. Je sais que vous avez été discrète et raisonnable. Je travaillerai tout de même; il ne m'achètera jamais rien, nous serons libres, notre amour seul... Vous dirai-je toute la vérité, ma chère? Oui. Vous êtes assez forte maintenant. C'est cela qui a fait peur à Tigre. Il aurait préféré que vous lui demandiez une fourrure et un petit appartement gentiment meublé. Une petite amie, dans une vie comme la sienne, cela se case. Un grand amour désintéressé : c'est hors de prix. Et comme il sent obscurément qu'il tient à vous tout de même, que, dans quelque temps, tout cela sera encore plus dur, il a pensé — mettez-vous à sa place — qu'il valait mieux trancher dans le vif et se comprendre tout de suite...

LUCILE

Pourquoi ne m'a-t-il pas parlé lui-même?

HÉRO

Pourquoi voulez-vous que cet aimable fêtard soit un héros? Il sait comme tout le monde, depuis que Napoléon a pris soin de nous en avertir, qu'il n'y a qu'un remède à l'amour : la fuite. Il a fui. Il ne se sentait pas de taille à ne pas se laisser engluer. Vous lui avez prêté beaucoup de qualités imaginaires à ce gentil farceur, vous savez ma petite...

LUCILE *balbutie encore.*

Pourquoi alors m'a-t-il dit qu'il m'aimait?

HÉRO

L'émotion, l'entraînement, la contagion; l'amour se prend comme la grippe. Une certaine facilité de parole aussi... Vous êtes jeune. Vous en verrez d'autres. Méfiez-vous des sentimentaux, ma biche, ce sont les pires.

LUCILE, *après un silence, toute raide.*

C'est tout ce qu'il vous a dit pour moi?

HÉRO

Non bien sûr. C'est un gentleman. D'abord un chèque...

Il a mis la main à sa poche, il s'arrête devant le geste de recul de Lucile.

Que vous allez refuser bien entendu. Là, j'en conviens avec vous, je le trouve lourd. Je n'en aurais même pas parlé, mais enfin je ne suis qu'un commissionnaire... Ensuite, comme je vous l'ai dit tout à l'heure, il m'a dit : « Bavarde avec elle. Tâche donc de la consoler... »

Lucile résiste un moment, toute raide, et puis soudain elle tombe sanglotante sur le lit. Héro s'approche d'elle.

Là. Ma petite héroïne de carton. Laissez-vous donc aller. C'est mieux, les larmes...

Il s'est assis sur le rebord du lit et lui parle doucement, maternellement presque.

Cela se raidit, cela fait la fière, cela veut se conduire comme une vraie dame, prendre des responsabilités

et cela jouait à la poupée hier encore et au premier chagrin cela courait se jeter dans les jupes de sa maman.
Seulement voilà : il n'y a plus de maman. On est grand
maintenant, on est tout seul. Rien que le vilain parrain qui sent la vieille poussière de notaire et qui s'est
mis un gentil bonnet de mère-grand sur son horrible
tête de loup pour mieux vous croquer mon enfant...
Ah! ce qu'on peut être seul au monde, n'est-ce pas
mon petit chat? J'en sais quelque chose... Vous qui
aviez déjà un peu pitié de moi tout à l'heure, vous
comprenez maintenant?...

> *Il attrape son verre sur la commode sans se lever
> du lit.*

Là   Elle va le boire maintenant son petit verre
d'alcool. Bien sagement.

> *Il la fait boire, lui tenant la tête.*

Et puis après elle en boira un autre, et puis un autre.
Elle aura compris, elle aussi.

> *Il la tient contre son épaule, il ne joue plus, il
> pleure aussi, il murmure.*

Évangéline...

> *Un silence. Il la serre contre lui, il la caresse dou-
> cement, il murmure, regardant au loin.*

Mon pauvre petit. Mon pauvre petit. Comme c'est
laid, n'est-ce pas, de vivre? Cela piaffait d'impatience,
cela croyait tout et cela se trouve tout seul tout d'un
coup avec la vie devant soi, comme un gouffre. Cela ne
dit rien, cela se cache pour pleurer bien convenablement et puis cela épouse un vilain banquier présenté par
la famille qui en a assez, elle, d'attendre. Une espèce
de brute dans son lit le soir et la corvée tout le jour,
couverte de bijoux, à parader pour lui. Alors cela
pleure encore deux ou trois ans en se cachant, bien
modeste, et puis un beau jour, quand c'est trop fatigué,

cela meurt, voilà tout, sans rien dire, sans avoir laissé plus de traces sur la terre qu'un passage d'oiseau.

Il pleure, il la caresse, elle est sur son épaule, il murmure, le visage baigné de larmes.

Mon enfant. Mon tendre enfant. Mon pauvre petit enfant perdu.

Il la tient tout à fait dans ses bras maintenant. Elle se laisse aller, le rideau tombe.

CINQUIÈME ACTE

Même décor.
C'est le matin. Villebosse est seul en scène, costumé, furieux et décidé, on ne sait encore à quoi.
Le comte entre, achevant de mettre la veste de son costume de scène.

LE COMTE

Vous êtes déjà là, Villebosse? Je suis en retard, je suis rentré au milieu de la nuit. Excusez-moi, mon cher, de vous avoir imposé à tous une répétition matinale, mais nous passons après-demain et cet après-midi j'ai l'orchestre sur les bras, il faut que je règle la musique.

VILLEBOSSE

Monsieur, je vous attends depuis une heure déjà. Il m'a été impossible de vous parler hier, seul à seul et j'ai une grave conversation à avoir avec vous. Vous me semblez très gai, monsieur, et très heureux.

LE COMTE

Très gai, Villebosse et très heureux. Comme je ne l'ai jamais été.

VILLEBOSSE

Vous avez de la chance. D'autres le sont moins,

monsieur, d'autres souffrent. D'autres n'ont pas les mêmes motifs que vous de se réjouir.

LE COMTE

Je l'espère bien. Ce sont des motifs qui me sont très personnels, pour une fois. Jusqu'ici, j'avais eu la faiblesse de ne me divertir qu'en commun. Je m'aperçois que le bonheur est un exercice solitaire.

VILLEBOSSE

Y aurait-il quelque allusion, monsieur, sous vos paroles?

LE COMTE

Depuis l'invention du langage il y a toujours eu quelque allusion Villebosse, sous les mots prononcés. On ne les a même inventés que pour cela.

VILLEBOSSE

S'il y avait une allusion, monsieur, elle serait déplacée. Notre situation à tous deux est délicate, ne l'oubliez jamais.

LE COMTE

Mon cher, elle ne m'a jamais empêché de dormir, mais, depuis ce matin, vous tombez mal, je suis justement décidé à l'oublier complètement.

VILLEBOSSE

Que voulez-vous dire par là, monsieur?

LE COMTE

Que je suis ravi que vous soyez l'amant de ma femme. Je vous trouve un jeune homme extrêmement distingué.

VILLEBOSSE *bondit.*

Sachez, monsieur, que je vous interdis de plaisanter

avec l'honneur de la comtesse! Rentrez le mot, monsieur! Rentrez! Ou vous m'en rendrez raison!

LE COMTE

Quel mot, monsieur?

VILLEBOSSE

Celui que vous venez de prononcer, monsieur. Votre cynisme est une pose odieuse. Je ne souffrirai pas qu'il éclabousse un être qui a droit à notre respect à tous deux. La comtesse, monsieur, est au-dessus de tout soupçon!

LE COMTE

Mais diable, quel soupçon, Villebosse?

VILLEBOSSE

Vous m'avez fort bien entendu, monsieur. N'essayez pas de me faire répéter une expression que je juge blessante. Si vous vous croyez autorisé à colporter partout que votre femme a une aventure, vous aurez affaire à moi, monsieur.

LE COMTE

Villebosse vous êtes adorable! Je ne me lasse pas de vous entendre et de vous voir évoluer. Vous êtes l'homme le plus drôle que j'aie jamais connu.

VILLEBOSSE, *démonté.*

Je souffre, monsieur, tout simplement. Je suis un sincère.

LE COMTE

Je le vois.

VILLEBOSSE

J'aurai beau faire, je ne me ferai jamais à la corruption du petit monde frelaté où vous vivez. J'arrive de Carcassonne. Nous y sommes de petits hobereaux. La maison de ma famille a gardé ses fossés et son pont-levis depuis le treizième siècle. Nous n'en avons jamais bougé, nous n'y avons jamais fait mettre le chauffage central et nous n'y avons jamais badiné avec l'honneur des femmes. Rentrez le mot, monsieur! Quand j'ai su que j'aimais la comtesse, je suis venu vous proposer de nous battre à outrance. C'était clair. J'épousais la veuve ou je disparaissais. Vous avez refusé.

LE COMTE

Je n'étais pas décidé à mourir ce jour-là. Ni à vous tuer non plus. Moi, je vous aime bien, Villebosse.

VILLEBOSSE

Vous avez voulu cette situation compliquée et dégradante.

LE COMTE

J'ai voulu vivre. C'est toujours compliqué et dégradant.

VILLEBOSSE

C'est fait, maintenant. L'honneur et le bonheur de la comtesse me concernent personnellement. Alors voilà ce que j'ai à vous dire : je ne supporterai pas que vous trompiez votre femme, monsieur.

LE COMTE

Comment?

VILLEBOSSE

Vous m'avez fort bien compris. Je n'accepterai pas que vous la ridiculisiez, comme vous le faites, avec n'importe qui. Vous vous tiendrez, monsieur, doré-navant. Vous vous tiendrez convenablement ou vous aurez affaire à moi.

LE COMTE

Qu'exigez-vous, Villebosse?

VILLEBOSSE

La rupture immédiate avec cette jeune personne.
Le retour au foyer conjugal. La comtesse consent à
passer l'éponge, elle oubliera.

LE COMTE

Dois-je quitter aussi Hortensia?

VILLEBOSSE

Elle la tolère. C'est une faiblesse de sa part. Elle
a toujours eu pour vous des indulgences que je ne
comprends pas. Veillez seulement à être discret, à lui
marquer toujours plus d'attentions qu'à cette dame,
à lui donner le pas, toujours. Enfin que diable! il est
étrange que ce soit à moi à vous le rappeler : c'est
votre femme, monsieur.

LE COMTE

Je vous aime de plus en plus, Villebosse. Embrassez-
moi!

VILLEBOSSE

Non!

LE COMTE

Pourquoi? Je suis sûr qu'au fond vous m'aimez bien
aussi.

VILLEBOSSE

Cela ne serait pas convenable. Gardons nos dis-
tances, monsieur. Notre situation est trop délicate.
Mais n'oubliez jamais que j'ai l'œil sur vous!

LA COMTESSE *entre.*

Quand je pense, Tigre, que vous avez réussi à nous

faire lever à dix heures... Mais c'est ravissant, cette aube!... On a tort de ne pas se lever plus tôt. Quel délicieux matin! Vous avez passé une bonne nuit?

LE COMTE

Oui, Éliane. J'aimerais vous dire deux mots.

LA COMTESSE

Villebosse?

VILLEBOSSE *accourt aussitôt.*

Chère Éliane?

LA COMTESSE

Voulez-vous vous rendre utile?

VILLEBOSSE, *ivre de dévouement.*

Toujours!

LA COMTESSE

Courez dans toutes les chambres et ramenez les retardataires. Dans dix minutes, il faut que nous répétions.

VILLEBOSSE

Comptez sur moi, Éliane, dans dix minutes tout le monde sera là!

> *Quand il est sorti, la comtesse se retourne vers Tigre.*

LA COMTESSE

Je vous écoute.

LE COMTE

Je vais être bref. Mais vous êtes une femme d'esprit, Éliane, et je sais que vous comprendrez vite

LA COMTESSE

Quel air grave!

LE COMTE

Oui. J'ai cette jeune fille.

LA COMTESSE

Bien.

LE COMTE

Nous avons vécu très intelligemment tous les deux, Éliane, avec la même horreur du drame. Ce n'est pas qu'il nous faisait peur, mais il nous paraissait de mauvais goût. Vous m'avez passé mes maîtresses, je ne vous ai jamais demandé avec qui vous preniez le thé; nous avons donné quelques belles fêtes, notre maison est une de celles où l'on a plaisir à venir et, étant donné ce qu'on fait ordinairement du mariage — le nôtre, en somme, a été délicieux.

LA COMTESSE

Merci, Tigre.

LE COMTE

Non. C'est moi qui vous remercie. J'ai été impossible souvent : un petit jeune homme trop gâté. Cette réussite, nous la devons à votre merveilleuse intelligence de la vie. Dans un monde où l'on vocifère, où l'on exhibe volontiers son sexe, où l'on se tape de plus en plus sur le cœur, nous avons su garder le sourire tous les deux. Nous avons vécu comme on danse, en musique, sur des pas réglés, et avec grâce.

LA COMTESSE, *qui ne le regarde pas.*

Et tout cela ne vous séduit plus?

LE COMTE

Tout cela continuera à me paraître, toujours, la

seule façon intelligente de vivre, d'échapper au désordre
et à la vulgarité. Seulement...

Il s'arrête.

LA COMTESSE

Seulement?

LE COMTE

Cette ligne de ma vie si gracieuse et si nette, depuis
mon premier cotillon réussi jusqu'à ma présidence
probable du Jockey, dans vingt ans, et à mes obsèques,
avec tout Paris en haut-de-forme à la Madeleine; je
viens de m'apercevoir que ce serait sans doute un joli
souvenir pour les autres, un joli thème d'article pour
« Le Figaro » — et rien pour moi. Je ne savais pas pourquoi j'étais si gai toujours : je m'ennuyais.

LA COMTESSE

Et c'est cette petite fille qui vous l'a fait comprendre
dans sa mansarde?

LE COMTE

Oui. Vous avez trop de goût, Éliane, je le sais, pour
ne pas me dispenser de vous décrire mes sentiments.
Je l'aime. Je ne savais absolument pas ce que c'était.
C'est tout bête, sans brio, sans grâce, sans drôlerie,
sans rien de ce que je croyais aimer, mais cela est.

LA COMTESSE

Est-ce si nouveau, Tigre? Je vous ai vu au bord du
suicide deux ou trois fois parce que des filles vous
résistaient.

LE COMTE

Mon désir contrarié m'était insupportable. Il me
fallait tout de suite ce que je voulais très fort. Il y a
aussi des petits garçons qui se tuent parce qu'on leur

refuse une bicyclette. Ce n'est jamais très intéressant.
Je n'ai même pas cette hâte cette fois. Ma plus grande
joie est d'être avec elle – rien d'autre ne m'amuse plus
– mais si, pour une raison ou pour une autre, vous me
demandiez d'attendre, Éliane, je pourrais attendre
très longtemps – sans me lasser.

LA COMTESSE

Je ne vous prendrai pas au mot. Ce serait trop triste
que vous perdiez cette belle confiance toute neuve en
l'essayant. Vous savez que je ne vous ai jamais refusé
de prendre un plaisir. *(une maîtresse)*

LE COMTE

Ma pauvre Éliane, mais nous parlons maintenant
d'un monde à l'autre. C'est bien cela qui me fait peur.
Il ne s'agit pas de prendre cette fois.

LA COMTESSE

Bon. De quoi s'agit-il donc?

LE COMTE, *doucement*.

De donner.

LA COMTESSE

Vous avez du temps, de l'argent en poche. Donnez,
mon ami, donnez. Qui vous empêche? Faites un petit
voyage avec elle, achetez-lui des robes. Vous dites
depuis dix ans que vous voulez aller en Chine. Allez
à Barbizon y cacher vos amours, je dirai à nos amis
que vous êtes à Pékin.

LE COMTE   *pour elle toutes est*
littérale,

Ma pauvre Éliane, c'est beaucoup plus loin que la *matérial*
Chine que je vais partir.

LA COMTESSE

Voilà deux fois que vous dites ce mot, dont j'ai

horreur. Je ne suis pas votre pauvre Éliane. Tout cela m'amuse beaucoup au fond. Vous voulez notre séparation, Tigre; l'épouser?

LE COMTE

Pourquoi faire de la peine à votre oncle le monsignore avec un divorce, mêler une nouvelle fois un officier d'état civil à nos affaires? Cela me paraît tout à fait inutile.

LA COMTESSE

Elle ne vous l'a pas encore demandé? Elle vous le demandera dans huit jours. Ces petites personnes qui se donnent au premier venu, dans des mansardes, ont un très grand souci de respectabilité.

LE COMTE

Voilà la seule séparation que je crains entre nous, Éliane. Que votre colère et votre dépit vous fassent dire un mot malheureux. Je vous ai toujours estimée et admirée. Il y a déjà une émeraude entre nous; n'y rajoutez rien.

LA COMTESSE

Résumons-nous. Nous donnons cette fête tout de même. Et vous partez le lendemain pour tout le temps que vous aimerez cette petite, pour tout le temps qu'elle vous aimera? Eh bien! je suis d'accord avec vous. Et sans trop d'inquiétude, vous voyez. Amusez-vous bien, Tigre. Vous me raconterez au retour.

Entrent Villebosse avec Hortensia et Héro un verre à la main, l'air absent. La comtesse va soudain à Hortensia et l'embrasse.

Ma chère petite Hortensia! Si bonne, si tendre, si confiante! Ah! les hommes ne valent pas cher. Je l'aime beaucoup maintenant votre parfum. Héro, mon petit

Héro, vous êtes tout sombre... Héro, vous n'avez pas été raisonnable encore une fois. Héro, posez ce verre, il est trop tôt pour boire

HÉRO

Non.

Il s'assoit à l'écart.

VILLEBOSSE, *à la comtesse.*

Il est affreusement ivre. Il ne peut même pas articuler un mot. Je vous défie de répéter avec lui. Quant à la jeune fille et à Damiens, ils ne sont pas dans leurs chambres.

LA COMTESSE

Tigre, vous seul pourrez les retrouver. Voulez-vous monter et la ramener?

Entre Damiens en costume de ville, noir et étrange, soudain, au milieu d'eux.

MONSIEUR DAMIENS

Je m'excuse, madame la comtesse. Mais je vais être au regret de rendre mon rôle à M. le comte et de quitter le château.

LA COMTESSE

Que nous chantez-vous, monsieur Damiens? Nous passons après-demain.

MONSIEUR DAMIENS

Ma filleule est partie au petit matin, seule, à pied pour la gare. Ce coup de tête ne peut être qu'une conséquence de la malheureuse affaire d'hier. Après cet incident pénible, je ne crois pas devoir rester non plus.

LE COMTE *va à lui, tout pâle.*

Comment avez-vous su qu'elle était partie? Elle est peut-être au village?

MONSIEUR DAMIENS

En montant la prendre dans sa chambre tout à l'heure, j'y ai trouvé cette lettre pour vous, monsieur le comte, sur sa commode. Et une autre pour moi.

LA COMTESSE, *pendant que le comte*
décachette la lettre.

Mais enfin, Damiens, vous rêvez! Nous avons eu hier soir une conversation très amicale toutes les deux, l'incident était tout à fait clos.

HÉRO, *qu'on a oublié dans son coin, avec son verre,*
demande soudain de sa voix d'ivrogne.

Qu'est-ce qu'elle dit sur cette lettre?

LE COMTE, *qui est figé, son papier à la main*
murmure comme dans un songe

« Vous avez raison. C'était impossible. Je suis partie. Je ne vous reverrai jamais. »

Un petit temps sur tout le monde. Héro demande
encore.

HÉRO

C'est tout?

On regarde le comte qui ne répond pas, regardant
au loin, tout pâle.

LA COMTESSE

C'est vraiment extraordinaire. Damiens, vous qui la connaissez?

MONSIEUR DAMIENS

Madame, excusez-moi, mon train part dans quelques instants, je n'ai que le temps de rejoindre la gare. Sa lettre ne me dit rien d'autre, sinon sa détermination de ne pas me revoir non plus. Elle a été blessée sans doute,

et plus gravement que nous le supposons. La voilà
partie Dieu sait où, toute seule, avec sa blessure. Sans
appui, sans argent, sans rien.

LA COMTESSE

Mon Dieu! Si au moins on lui avait fait régler ses
six mois!

> *Le comte qui ne disait rien, immobile, comme frappé*
> *par la foudre, sort soudain en courant.*

HORTENSIA *crie.*

Tigre, où allez-vous?

LA COMTESSE

Prendre sa voiture sans doute et courir les routes.
Mais quelles routes? Rattrapez-le donc, Damiens. Il
vous déposera à la gare.

MONSIEUR DAMIENS, *sortant rapidement.*

Adieu, madame.

LA COMTESSE, *à Hortensia, quand il est sorti.*

Cette petite a dû prendre l'omnibus de cinq heures
qui se dirige sur Alençon. Elle a déjà fait son change-
ment là-bas, Tigre ne saura jamais pour quelle direc-
tion. Il n'a aucune chance de la retrouver.

HORTENSIA

Elle peut se raviser, lui écrire...

LA COMTESSE

Ne le croyez pas. Maintenant nous pouvons bien
le dire, c'est une fille qui avait de la qualité. Son départ
même le prouve. Elle l'aimait — certainement. C'est
pourquoi il faut être sans inquiétude. Après ce qui s'est
passé, elle ne tentera plus jamais de le revoir.

HORTENSIA *demande soudain gentiment.*

Mais que va faire Tigre?

LA COMTESSE *la regarde, sincèrement étonnée.*

Comme vous êtes bonne, Hortensia! Décidément, il y a une faille chez vous. Il sera triste un mois ou deux et puis il recommencera à s'amuser. D'ailleurs je le connais; c'est un homme qui a le plus grand sens du devoir mondain. Nos premiers invités seront là ce soir. Pendant deux jours, si malheureux qu'il soit, il ne pourra penser qu'à sa fête. Venez, ma chère, allons déjeuner. Tout cela creuse.

Elle l'entraîne.

HORTENSIA

Mais pour le rôle?

LA COMTESSE

J'avais prévu cette défection. Léonor à qui Tigre avait d'abord donné le rôle et qui l'avait entièrement appris, consent à oublier le vilain tour qu'il lui a joué. Elle a pris l'avion pour Le Mans où j'ai envoyé la voiture. Elle sera là dans une heure. Et je vais téléphoner à Gontaut-Biron, je suis sûre qu'il n'est plus grippé.

HORTENSIA

Comment? Vous avez fait venir Léonor? Après ce que vous m'avez dit sur Tigre et elle?

LA COMTESSE

Ma petite amie, je vous aime beaucoup, mais j'ai craint, tout compte fait, que vous ne soyez pas de taille. Que voulez-vous, il s'agit de consoler Tigre avant tout. Et, ou bien je ne le connais pas, ou bien dans huit jours il ne pensera plus qu'à Léonor. Il a horreur qu'on lui résiste! Venez donc prendre un peu de café. Nous en avons besoin toutes les deux.

Elles sont sorties. Villebosse les rattrape en criant.

VILLEBOSSE

Éliane, je n'ai pas déjeuné non plus!

HÉRO, *l'air toujours absent, son verre à la main,*
le rappelle comme il le voit sortir, d'une voix pâteuse.
Monsieur!

VILLEBOSSE *s'arrête.*

Monsieur?

HÉRO

Un instant, je vous prie.

Villebosse se retourne, surpris.

Je crois que vous êtes un fin tireur, monsieur?

VILLEBOSSE

Que voulez-vous dire par là, monsieur?

HÉRO

Je me suis même laissé dire que vous aviez gagné
plusieurs championnats importants, au pistolet.

VILLEBOSSE

C'est exact.

HÉRO

Eh bien! monsieur, je veux vous dire que vous n'êtes
pas aimé comme vous pouvez le croire.

VILLEBOSSE

Comment, monsieur?

HÉRO

On n'est jamais aimé comme on peut le croire, c'est

une vérité générale. Mais pour vous, il y a une vérité plus particulière. Depuis hier soir, pour employer un mot qui me répugne, monsieur, vous êtes cocu.

VILLEBOSSE *bondit.*

Vous êtes ivre, monsieur, retirez le mot!

HÉRO

Je suis ivre, mais c'est quand je suis ivre que j'ai toute ma tête. Je maintiens le mot. Il est exact. Je n'étais pas dans ma chambre cette nuit. J'étais dans une autre chambre. Vous m'avez compris?

VILLEBOSSE *se rapproche, terrible.*

Comment? Savez-vous bien ce que vous osez insinuer là, monsieur?

HÉRO

Il me semble que c'est clair. Ne me faites pas répéter un gros mot.

VILLEBOSSE

Fort bien, monsieur. Vous avez au moins le mérite de la franchise. Je me doutais depuis longtemps que vous disposiez vos batteries. Nous nous battrons. Le temps matériel de faire venir deux de mes amis.

HÉRO, *toujours assis.*

Faites vite. Je veux que ce soit demain matin.

VILLEBOSSE

A vos ordres, monsieur. J'ai la même hâte que vous.

Il va sortir. Héro le rappelle.

HÉRO

Monsieur!

VILLEBOSSE

Monsieur?

HÉRO

Pour que tout soit parfaitement régulier, giflez-moi.

VILLEBOSSE

Monsieur, ce n'est pas nécessaire.

HÉRO

Si, monsieur. Si vous ne me giflez pas, je ne me bats
pas.

VILLEBOSSE

Mais puisque nous sommes décidés à la rencontre,
monsieur. Je vous laisse le choix des armes, si c'est
cela qui vous inquiète.

HÉRO

Je ne l'aurai que si vous me giflez. Je connais les
règles. Giflez-moi, monsieur, tout de suite.

Il crie, se levant.

Tout de suite, bon Dieu! ou je vous flanque mon
verre au visage! Allons, puisque je vous le demande.
Et fort. Je veux le sentir. Allons! Allons, sale cocu!
Il le faut, je vous dis!

VILLEBOSSE

Après tout, vous l'aurez voulu, grossier personnage!

Il le gifle.

C'est absurde.

HÉRO, *giflé, tout pâle, immobile, debout.*

Non. C'est très bien.

Il lève un doigt.

Je choisis le pistolet.

Villebosse s'incline, raide, un peu étonné de ce choix et il sort.

Héro reste seul, immobile, l'œil perdu. Il retombe avachi dans son fauteuil. Il vide lentement son verre. Il murmure.

Évangéline...

Et le rideau tombe.

DU MÊME AUTEUR

MONSIEUR BARNETT suivi de L'ORCHESTRE.

L'ARRESTATION.

LE SCÉNARIO.

CHERS ZOISEAUX.

LA CULOTTE.

LA BELLE VIE suivi de ÉPISODE DE LA VIE D'UN AUTEUR.

LE NOMBRIL.

LEOCADIA.

PIÈCES BRILLANTES.

PIÈCES COSTUMÉES.

PIÈCES GRINÇANTES.

NOUVELLES PIÈCES GRINÇANTES.

PIÈCES NOIRES.

NOUVELLES PIÈCES NOIRES

PIÈCES ROSES.

PIÈCES BAROQUES

PIÈCES SECRÈTES.

PIÈCES FARCEUSES

COLLECTION FOLIO

Impression Bussière
à Saint-Amand (Cher),
le 5 octobre 2004.
Dépôt légal : octobre 2004.
1ᵉʳ dépôt légal dans la collection : septembre 1973.
Numéro d'imprimeur : 044071/1.

ISBN 2-07-036444-5./Imprimé en France.
Précédemment publié aux Éditions La Table Ronde.
ISBN 2-7103-0295-0.